This Book Belongs To:

____

____

MULTIPLICATION

1) 9 x 9	2) 8 x 9	3) 7 x 2	4) 6 x 4
5) 8 x 8	6) 8 x 9	7) 7 x 8	8) 6 x 6
9) 5 x 8	10) 4 x 1	11) 8 x 8	12) 5 x 6
13) 9 x 2	14) 4 x 3	15) 8 x 9	16) 9 x 3
17) 9 x 2	18) 9 x 5	19) 7 x 8	20) 9 x 9
21) 2 x 5	22) 7 x 9	23) 5 x 5	24) 7 x 3
25) 3 x 9	26) 7 x 1	27) 9 x 8	28) 2 x 9

1) 2 x 3	2) 9 x 9	3) 9 x 4	4) 3 x 9
5) 7 x 6	6) 9 x 8	7) 1 x 7	8) 5 x 7
9) 8 x 8	10) 9 x 9	11) 8 x 9	12) 5 x 6
13) 9 x 8	14) 8 x 3	15) 6 x 2	16) 3 x 8
17) 9 x 8	18) 9 x 9	19) 2 x 9	20) 3 x 9
21) 5 x 6	22) 4 x 4	23) 9 x 7	24) 6 x 5
25) 9 x 6	26) 9 x 4	27) 9 x 2	28) 7 x 5

1)   3
  x 7

2)   8
  x 5

3)   6
  x 2

4)   9
  x 9

5)   1
  x 9

6)   7
  x 3

7)   5
  x 2

8)   5
  x 4

9)   3
  x 7

10)   2
  x 4

11)   9
  x 6

12)   9
  x 8

13)   8
  x 8

14)   1
  x 8

15)   1
  x 2

16)   7
  x 9

17)   9
  x 8

18)   5
  x 6

19)   2
  x 5

20)   5
  x 8

21)   5
  x 2

22)   2
  x 4

23)   6
  x 2

24)   1
  x 8

25)   2
  x 2

26)   9
  x 4

27)   6
  x 9

28)   2
  x 9

1)   8
    x 5
	2) 9
	    x 9
		3) 4
		    x 3
			4) 6
			    x 5

5)   6
    x 2
	6) 2
	    x 3
		7) 7
		    x 2
			8) 7
			    x 2

9)   7
    x 9
	10) 5
	    x 8
		11) 9
		    x 7
			12) 9
			    x 9

13)   9
    x 9
	14) 9
	    x 3
		15) 8
		    x 6
			16) 9
			    x 9

17)   3
    x 5
	18) 8
	    x 4
		19) 2
		    x 5
			20) 2
			    x 9

21)   7
    x 9
	22) 3
	    x 3
		23) 8
		    x 7
			24) 3
			    x 2

25)   8
    x 7
	26) 6
	    x 5
		27) 2
		    x 7
			28) 3
			    x 8

1) 4 x 7	2) 5 x 6	3) 7 x 3	4) 8 x 1
5) 7 x 7	6) 1 x 1	7) 4 x 7	8) 5 x 9
9) 2 x 7	10) 3 x 2	11) 5 x 4	12) 4 x 2
13) 6 x 9	14) 4 x 7	15) 5 x 6	16) 9 x 6
17) 4 x 9	18) 8 x 3	19) 5 x 7	20) 9 x 5
21) 8 x 8	22) 8 x 9	23) 5 x 2	24) 4 x 3
25) 7 x 1	26) 6 x 4	27) 4 x 7	28) 5 x 6

1)　　4
　x 6

2)　　7
　x 7

3)　　9
　x 7

4)　　9
　x 3

5)　　1
　x 4

6)　　5
　x 7

7)　　3
　x 9

8)　　3
　x 9

9)　　9
　x 9

10)　　7
　x 5

11)　　7
　x 7

12)　　8
　x 9

13)　　1
　x 3

14)　　5
　x 9

15)　　9
　x 6

16)　　4
　x 3

17)　　6
　x 9

18)　　9
　x 3

19)　　3
　x 4

20)　　8
　x 6

21)　　2
　x 6

22)　　9
　x 7

23)　　3
　x 3

24)　　5
　x 7

25)　　4
　x 1

26)　　9
　x 5

27)　　2
　x 3

28)　　6
　x 5

1)   4
  x 2

2)   9
  x 8

3)   5
  x 8

4)   2
  x 4

5)   9
  x 5

6)   6
  x 6

7)   9
  x 6

8)   8
  x 5

9)   9
  x 6

10)   2
  x 8

11)   6
  x 7

12)   4
  x 9

13)   3
  x 8

14)   7
  x 4

15)   9
  x 2

16)   3
  x 9

17)   8
  x 7

18)   4
  x 7

19)   6
  x 4

20)   6
  x 2

21)   5
  x 4

22)   1
  x 3

23)   9
  x 2

24)   6
  x 3

25)   7
  x 6

26)   8
  x 6

27)   3
  x 8

28)   8
  x 9

1) 4 x 5	2) 5 x 9	3) 3 x 2	4) 6 x 5
5) 7 x 9	6) 8 x 5	7) 5 x 2	8) 2 x 9
9) 8 x 8	10) 2 x 4	11) 9 x 8	12) 7 x 3
13) 5 x 9	14) 5 x 5	15) 8 x 8	16) 3 x 9
17) 7 x 2	18) 4 x 3	19) 5 x 6	20) 7 x 9
21) 9 x 9	22) 7 x 4	23) 5 x 3	24) 9 x 6
25) 3 x 9	26) 2 x 9	27) 8 x 6	28) 5 x 5

1) $\begin{array}{r} 9 \\ \times\ 9 \\ \hline \end{array}$	2) $\begin{array}{r} 2 \\ \times\ 8 \\ \hline \end{array}$	3) $\begin{array}{r} 6 \\ \times\ 5 \\ \hline \end{array}$	4) $\begin{array}{r} 1 \\ \times\ 2 \\ \hline \end{array}$
5) $\begin{array}{r} 5 \\ \times\ 2 \\ \hline \end{array}$	6) $\begin{array}{r} 5 \\ \times\ 8 \\ \hline \end{array}$	7) $\begin{array}{r} 5 \\ \times\ 5 \\ \hline \end{array}$	8) $\begin{array}{r} 9 \\ \times\ 2 \\ \hline \end{array}$
9) $\begin{array}{r} 4 \\ \times\ 5 \\ \hline \end{array}$	10) $\begin{array}{r} 8 \\ \times\ 5 \\ \hline \end{array}$	11) $\begin{array}{r} 2 \\ \times\ 2 \\ \hline \end{array}$	12) $\begin{array}{r} 9 \\ \times\ 2 \\ \hline \end{array}$
13) $\begin{array}{r} 4 \\ \times\ 1 \\ \hline \end{array}$	14) $\begin{array}{r} 4 \\ \times\ 3 \\ \hline \end{array}$	15) $\begin{array}{r} 7 \\ \times\ 9 \\ \hline \end{array}$	16) $\begin{array}{r} 3 \\ \times\ 5 \\ \hline \end{array}$
17) $\begin{array}{r} 7 \\ \times\ 4 \\ \hline \end{array}$	18) $\begin{array}{r} 3 \\ \times\ 9 \\ \hline \end{array}$	19) $\begin{array}{r} 1 \\ \times\ 4 \\ \hline \end{array}$	20) $\begin{array}{r} 2 \\ \times\ 2 \\ \hline \end{array}$
21) $\begin{array}{r} 9 \\ \times\ 4 \\ \hline \end{array}$	22) $\begin{array}{r} 5 \\ \times\ 5 \\ \hline \end{array}$	23) $\begin{array}{r} 3 \\ \times\ 4 \\ \hline \end{array}$	24) $\begin{array}{r} 4 \\ \times\ 8 \\ \hline \end{array}$
25) $\begin{array}{r} 1 \\ \times\ 5 \\ \hline \end{array}$	26) $\begin{array}{r} 5 \\ \times\ 6 \\ \hline \end{array}$	27) $\begin{array}{r} 7 \\ \times\ 2 \\ \hline \end{array}$	28) $\begin{array}{r} 9 \\ \times\ 5 \\ \hline \end{array}$

1)　　7
　 x 8

2)　　3
　 x 5

3)　　6
　 x 8

4)　　4
　 x 4

5)　　5
　 x 5

6)　　2
　 x 3

7)　　6
　 x 3

8)　　7
　 x 8

9)　　2
　 x 9

10)　　4
　 x 7

11)　　9
　 x 8

12)　　1
　 x 4

13)　　2
　 x 3

14)　　6
　 x 3

15)　　6
　 x 2

16)　　1
　 x 2

17)　　9
　 x 2

18)　　9
　 x 3

19)　　3
　 x 4

20)　　9
　 x 6

21)　　5
　 x 3

22)　　9
　 x 9

23)　　7
　 x 5

24)　　3
　 x 8

25)　　1
　 x 9

26)　　6
　 x 3

27)　　9
　 x 8

28)　　6
　 x 2

1)　94　　　　2)　43　　　　3)　31
　x　8　　　　　x　7　　　　　x　2

4)　95　　　　5)　72　　　　6)　91
　x　1　　　　　x　4　　　　　x　3

7)　25　　　　8)　13　　　　9)　66
　x　3　　　　　x　6　　　　　x　3

10)　95　　　11)　47　　　12)　80
　x　3　　　　　x　9　　　　　x　3

13)　72　　　14)　59　　　15)　37
　x　3　　　　　x　3　　　　　x　5

16)　76　　　17)　33　　　18)　63
　x　9　　　　　x　4　　　　　x　9

1) 32
  x   1
	2) 99
	  x 4
		3) 83
		  x 9

4) 58
  x   4
	5) 39
	  x 8
		6) 89
		  x 7

7) 80
  x   5
	8) 77
	  x 5
		9) 86
		  x 9

10) 82
  x   3
	11) 96
	  x 5
		12) 82
		  x 3

13) 40
  x   4
	14) 85
	  x 6
		15) 78
		  x 5

16) 95
  x   1
	17) 37
	  x 9
		18) 75
		  x 4

1)   61
  x   1
	2) 87
	  x 9
		3) 99
		  x 1

4)   74
  x   1
	5) 21
	  x 1
		6) 62
		  x 1

7)   56
  x   5
	8) 27
	  x 8
		9) 87
		  x 5

10)   84
  x   7
	11) 34
	  x 9
		12) 33
		  x 7

13)   57
  x   5
	14) 79
	  x 9
		15) 27
		  x 9

16)   91
  x   4
	17) 55
	  x 5
		18) 62
		  x 9

1)   42
  x   8

2)   51
  x   2

3)   79
  x   3

4)   76
  x   7

5)   61
  x   6

6)   27
  x   0

7)   94
  x   6

8)   83
  x   9

9)   11
  x   8

10)   78
  x   4

11)   69
  x   6

12)   20
  x   6

13)   58
  x   1

14)   76
  x   2

15)   37
  x   2

16)   51
  x   9

17)   21
  x   6

18)   22
  x   9

1) 66
  x   4

2) 12
  x   6

3) 34
  x   8

4) 20
  x   3

5) 10
  x   6

6) 79
  x   0

7) 93
  x   7

8) 72
  x   1

9) 99
  x   3

10) 75
  x   4

11) 49
  x   5

12) 40
  x   9

13) 85
  x   2

14) 80
  x   8

15) 87
  x   6

16) 14
  x   9

17) 21
  x   5

18) 64
  x   9

1) 28
  x   2

2) 49
  x   9

3) 51
  x   3

4) 99
  x   9

5) 36
  x   9

6) 28
  x   3

7) 26
  x   4

8) 53
  x   1

9) 50
  x   7

10) 18
   x   1

11) 66
   x   4

12) 41
   x   9

13) 99
   x   5

14) 88
   x   5

15) 96
   x   7

16) 83
   x   0

17) 47
   x   4

18) 94
   x   5

1) 92 x 2	2) 68 x 9	3) 20 x 2
4) 56 x 6	5) 45 x 5	6) 60 x 5
7) 79 x 1	8) 23 x 5	9) 89 x 8
10) 20 x 9	11) 50 x 2	12) 67 x 1
13) 61 x 7	14) 40 x 2	15) 58 x 4
16) 62 x 8	17) 39 x 9	18) 78 x 2

1)   41
  x   2
	2) 68
	  x 5
		3) 30
		  x 9

4)   44
  x   1
	5) 89
	  x 6
		6) 37
		  x 5

7)   11
  x   5
	8) 66
	  x 8
		9) 38
		  x 7

10)   11
  x   7
	11) 96
	  x 5
		12) 93
		  x 3

13)   34
  x   7
	14) 26
	  x 4
		15) 47
		  x 3

16)   14
  x   3
	17) 65
	  x 2
		18) 35
		  x 7

1) 34
    x 7

2) 59
    x 4

3) 60
    x 6

4) 85
    x 8

5) 46
    x 1

6) 73
    x 6

7) 27
    x 9

8) 51
    x 1

9) 37
    x 9

10) 82
     x 2

11) 20
     x 7

12) 54
     x 4

13) 12
     x 4

14) 40
     x 3

15) 55
     x 2

16) 38
     x 8

17) 34
     x 5

18) 23
     x 8

1)   82
  x   8

2)   88
  x   4

3)   87
  x   3

4)   46
  x   9

5)   21
  x   5

6)   18
  x   8

7)   89
  x   3

8)   73
  x   9

9)   76
  x   7

10)   94
  x   4

11)   28
  x   6

12)   25
  x   8

13)   17
  x   7

14)   52
  x   2

15)   14
  x   5

16)   17
  x   4

17)   16
  x   9

18)   31
  x   7

1)　　79
　　x 96

2)　　41
　　x 14

3)　　11
　　x 50

4)　　24
　　x 81

5)　　15
　　x 53

6)　　82
　　x 38

7)　　19
　　x 92

8)　　55
　　x 31

9)　　91
　　x 53

10)　　82
　　x 19

11)　　15
　　x 16

12)　　74
　　x 33

13)　　90
　　x 11

14)　　83
　　x 93

15)　　71
　　x 56

16)　　47
　　x 87

17)　　95
　　x 22

18)　　93
　　x 35

1)   70
  x 35

2)   47
  x 1

3)   61
  x 19

4)   54
  x 6

5)   27
  x 11

6)   22
  x 86

7)   23
  x 95

8)   39
  x 17

9)   36
  x 95

10)   91
   x 19

11)   39
   x 27

12)   75
   x 75

13)   91
   x 46

14)   49
   x 53

15)   99
   x 84

16)   26
   x 47

17)   15
   x 56

18)   48
   x 99

1)　93
　 x 37

2)　21
　 x 14

3)　16
　 x　8

4)　51
　 x 21

5)　63
　 x 88

6)　94
　 x　2

7)　97
　 x 22

8)　17
　 x 70

9)　83
　 x 95

10)　87
　 x 87

11)　46
　 x 36

12)　82
　 x 87

13)　44
　 x　7

14)　36
　 x 55

15)　60
　 x 88

16)　47
　 x　5

17)　69
　 x 98

18)　34
　 x 24

1)   98
 x 25

2)   93
 x 65

3)   81
 x 11

4)   86
 x 17

5)   90
 x 60

6)   23
 x 57

7)   36
 x 91

8)   94
 x 16

9)   12
 x 11

10) 20
 x 57

11) 17
 x 88

12) 69
 x 65

13) 95
 x 29

14) 98
 x 15

15) 83
 x 22

16) 43
 x 5

17) 17
 x 99

18) 48
 x 64

1)   25
   x 42

2)   93
   x 59

3)   23
   x 80

4)   89
   x 72

5)   42
   x 39

6)   50
   x 9

7)   27
   x 77

8)   68
   x 13

9)   73
   x 91

10)   74
   x 52

11)   24
   x 32

12)   57
   x 47

13)   94
   x 35

14)   90
   x 7

15)   80
   x 81

16)   75
   x 7

17)   47
   x 39

18)   82
   x 49

1) 76 x 34

2) 81 x 77

3) 80 x 78

4) 21 x 18

5) 97 x 21

6) 20 x 99

7) 20 x 2

8) 54 x 31

9) 93 x 53

10) 21 x 93

11) 87 x 97

12) 95 x 81

13) 99 x 72

14) 96 x 16

15) 58 x 53

16) 30 x 90

17) 79 x 9

18) 75 x 69

1) 76
  x 54

2) 38
  x 5

3) 83
  x 5

4) 12
  x 14

5) 66
  x 49

6) 72
  x 75

7) 28
  x 68

8) 94
  x 56

9) 28
  x 10

10) 36
   x 18

11) 95
   x 80

12) 77
   x 38

13) 29
   x 25

14) 15
   x 97

15) 67
   x 40

16) 93
   x 47

17) 52
   x 19

18) 31
   x 89

1)   92
  x 82

2)   24
  x 13

3)   14
  x 90

4)   30
  x 98

5)   87
  x 99

6)   93
  x 24

7)   17
  x 85

8)   13
  x 42

9)   84
  x 47

10)   62
  x 69

11)   48
  x 51

12)   82
  x 46

13)   99
  x 58

14)   79
  x 21

15)   30
  x 8

16)   40
  x 82

17)   63
  x 17

18)   33
  x 91

1)   30
   x 41

2)   41
   x 65

3)   91
   x 11

4)   64
   x 63

5)   64
   x 91

6)   24
   x 71

7)   31
   x 18

8)   21
   x 67

9)   96
   x 4

10)   38
   x 72

11)   50
   x 29

12)   41
   x 33

13)   54
   x 83

14)   34
   x 86

15)   81
   x 9

16)   39
   x 15

17)   97
   x 30

18)   64
   x 15

1) 82
  x 56

2) 86
  x 50

3) 71
  x 31

4) 81
  x 80

5) 89
  x 49

6) 15
  x 58

7) 69
  x 89

8) 80
  x 15

9) 76
  x 13

10) 40
   x 48

11) 58
   x 70

12) 38
   x 75

13) 40
   x 72

14) 99
   x 59

15) 11
   x 93

16) 28
   x 54

17) 22
   x 82

18) 28
   x 99

DIVISION

1) $1 \div 1 =$ _____   2) $15 \div 5 =$ _____   3) $6 \div 3 =$ _____

4) $20 \div 4 =$ _____   5) $6 \div 3 =$ _____   6) $6 \div 2 =$ _____

7) $20 \div 4 =$ _____   8) $3 \div 3 =$ _____   9) $10 \div 5 =$ _____

10) $20 \div 5 =$ _____   11) $4 \div 2 =$ _____   12) $3 \div 3 =$ _____

13) $2 \div 1 =$ _____   14) $3 \div 3 =$ _____   15) $0 \div 4 =$ _____

16) $12 \div 4 =$ _____   17) $3 \div 3 =$ _____   18) $1 \div 1 =$ _____

19) $4 \div 2 =$ _____   20) $8 \div 2 =$ _____   21) $15 \div 5 =$ _____

22) $10 \div 5 =$ _____   23) $3 \div 1 =$ _____   24) $8 \div 2 =$ _____

25) $1 \div 1 =$ _____   26) $4 \div 1 =$ _____   27) $8 \div 2 =$ _____

28) $20 \div 5 =$ _____   29) $6 \div 2 =$ _____   30) $12 \div 4 =$ _____

1) 5 ÷ 5 = _____   2) 5 ÷ 5 = _____   3) 9 ÷ 3 = _____

4) 5 ÷ 1 = _____   5) 4 ÷ 1 = _____   6) 10 ÷ 5 = _____

7) 4 ÷ 4 = _____   8) 8 ÷ 4 = _____   9) 3 ÷ 3 = _____

10) 15 ÷ 3 = _____   11) 6 ÷ 3 = _____   12) 4 ÷ 1 = _____

13) 4 ÷ 4 = _____   14) 2 ÷ 1 = _____   15) 4 ÷ 4 = _____

16) 15 ÷ 3 = _____   17) 6 ÷ 2 = _____   18) 3 ÷ 3 = _____

19) 8 ÷ 4 = _____   20) 4 ÷ 2 = _____   21) 3 ÷ 1 = _____

22) 9 ÷ 3 = _____   23) 6 ÷ 2 = _____   24) 1 ÷ 1 = _____

25) 10 ÷ 5 = _____   26) 20 ÷ 4 = _____   27) 8 ÷ 2 = _____

28) 2 ÷ 1 = _____   29) 2 ÷ 1 = _____   30) 8 ÷ 4 = _____

1) 4 ÷ 4 = _____   2) 12 ÷ 3 = _____   3) 4 ÷ 2 = _____

4) 0 ÷ 3 = _____   5) 3 ÷ 3 = _____   6) 2 ÷ 2 = _____

7) 10 ÷ 5 = _____   8) 12 ÷ 4 = _____   9) 5 ÷ 5 = _____

10) 6 ÷ 2 = _____   11) 3 ÷ 3 = _____   12) 12 ÷ 4 = _____

13) 15 ÷ 5 = _____   14) 4 ÷ 1 = _____   15) 6 ÷ 3 = _____

16) 6 ÷ 2 = _____   17) 9 ÷ 3 = _____   18) 25 ÷ 5 = _____

19) 5 ÷ 5 = _____   20) 25 ÷ 5 = _____   21) 25 ÷ 5 = _____

22) 0 ÷ 3 = _____   23) 20 ÷ 4 = _____   24) 4 ÷ 4 = _____

25) 2 ÷ 1 = _____   26) 5 ÷ 1 = _____   27) 3 ÷ 1 = _____

28) 4 ÷ 1 = _____   29) 9 ÷ 3 = _____   30) 2 ÷ 2 = _____

1) 8 ÷ 2 = _____   2) 20 ÷ 5 = _____   3) 15 ÷ 3 = _____

4) 16 ÷ 4 = _____   5) 16 ÷ 4 = _____   6) 2 ÷ 1 = _____

7) 9 ÷ 3 = _____   8) 6 ÷ 2 = _____   9) 15 ÷ 5 = _____

10) 4 ÷ 2 = _____   11) 8 ÷ 4 = _____   12) 3 ÷ 3 = _____

13) 6 ÷ 2 = _____   14) 25 ÷ 5 = _____   15) 2 ÷ 1 = _____

16) 3 ÷ 3 = _____   17) 15 ÷ 3 = _____   18) 16 ÷ 4 = _____

19) 6 ÷ 2 = _____   20) 16 ÷ 4 = _____   21) 4 ÷ 2 = _____

22) 2 ÷ 2 = _____   23) 1 ÷ 1 = _____   24) 10 ÷ 5 = _____

25) 16 ÷ 4 = _____   26) 20 ÷ 4 = _____   27) 16 ÷ 4 = _____

28) 15 ÷ 5 = _____   29) 8 ÷ 2 = _____   30) 10 ÷ 2 = _____

1) 15 ÷ 5 = _____

2) 9 ÷ 3 = _____

3) 6 ÷ 3 = _____

4) 2 ÷ 2 = _____

5) 4 ÷ 4 = _____

6) 8 ÷ 4 = _____

7) 20 ÷ 4 = _____

8) 10 ÷ 5 = _____

9) 3 ÷ 3 = _____

10) 4 ÷ 1 = _____

11) 15 ÷ 3 = _____

12) 10 ÷ 2 = _____

13) 1 ÷ 1 = _____

14) 15 ÷ 5 = _____

15) 8 ÷ 2 = _____

16) 16 ÷ 4 = _____

17) 25 ÷ 5 = _____

18) 8 ÷ 2 = _____

19) 12 ÷ 3 = _____

20) 15 ÷ 3 = _____

21) 15 ÷ 3 = _____

22) 4 ÷ 2 = _____

23) 5 ÷ 5 = _____

24) 0 ÷ 5 = _____

25) 2 ÷ 2 = _____

26) 5 ÷ 1 = _____

27) 12 ÷ 3 = _____

28) 5 ÷ 5 = _____

29) 20 ÷ 4 = _____

30) 5 ÷ 1 = _____

1) 5 ÷ 5 = _____   2) 2 ÷ 1 = _____   3) 4 ÷ 2 = _____

4) 16 ÷ 4 = _____   5) 5 ÷ 5 = _____   6) 12 ÷ 4 = _____

7) 5 ÷ 1 = _____   8) 6 ÷ 2 = _____   9) 20 ÷ 5 = _____

10) 8 ÷ 4 = _____   11) 6 ÷ 2 = _____   12) 20 ÷ 4 = _____

13) 20 ÷ 4 = _____   14) 5 ÷ 5 = _____   15) 5 ÷ 1 = _____

16) 8 ÷ 2 = _____   17) 6 ÷ 3 = _____   18) 8 ÷ 4 = _____

19) 20 ÷ 5 = _____   20) 3 ÷ 1 = _____   21) 9 ÷ 3 = _____

22) 2 ÷ 2 = _____   23) 9 ÷ 3 = _____   24) 16 ÷ 4 = _____

25) 6 ÷ 2 = _____   26) 2 ÷ 1 = _____   27) 3 ÷ 3 = _____

28) 5 ÷ 1 = _____   29) 3 ÷ 3 = _____   30) 2 ÷ 2 = _____

1) 10 ÷ 5 = _____   2) 8 ÷ 4 = _____   3) 9 ÷ 3 = _____

4) 4 ÷ 2 = _____   5) 9 ÷ 3 = _____   6) 2 ÷ 1 = _____

7) 4 ÷ 1 = _____   8) 20 ÷ 5 = _____   9) 4 ÷ 4 = _____

10) 4 ÷ 2 = _____   11) 16 ÷ 4 = _____   12) 10 ÷ 5 = _____

13) 6 ÷ 3 = _____   14) 2 ÷ 2 = _____   15) 5 ÷ 1 = _____

16) 4 ÷ 1 = _____   17) 8 ÷ 2 = _____   18) 16 ÷ 4 = _____

19) 16 ÷ 4 = _____   20) 16 ÷ 4 = _____   21) 8 ÷ 2 = _____

22) 4 ÷ 1 = _____   23) 12 ÷ 4 = _____   24) 15 ÷ 3 = _____

25) 25 ÷ 5 = _____   26) 1 ÷ 1 = _____   27) 8 ÷ 2 = _____

28) 9 ÷ 3 = _____   29) 2 ÷ 1 = _____   30) 12 ÷ 3 = _____

1) 20 ÷ 4 = _____   2) 12 ÷ 3 = _____   3) 3 ÷ 1 = _____

4) 9 ÷ 3 = _____   5) 2 ÷ 2 = _____   6) 10 ÷ 5 = _____

7) 0 ÷ 1 = _____   8) 0 ÷ 4 = _____   9) 1 ÷ 1 = _____

10) 15 ÷ 3 = _____   11) 4 ÷ 1 = _____   12) 15 ÷ 5 = _____

13) 8 ÷ 2 = _____   14) 15 ÷ 5 = _____   15) 6 ÷ 3 = _____

16) 4 ÷ 4 = _____   17) 6 ÷ 2 = _____   18) 5 ÷ 1 = _____

19) 6 ÷ 3 = _____   20) 9 ÷ 3 = _____   21) 3 ÷ 3 = _____

22) 8 ÷ 4 = _____   23) 4 ÷ 2 = _____   24) 12 ÷ 3 = _____

25) 12 ÷ 3 = _____   26) 3 ÷ 1 = _____   27) 4 ÷ 1 = _____

28) 4 ÷ 1 = _____   29) 8 ÷ 2 = _____   30) 2 ÷ 2 = _____

1) 0 ÷ 2 = _____   2) 16 ÷ 4 = _____   3) 15 ÷ 3 = _____

4) 3 ÷ 3 = _____   5) 3 ÷ 1 = _____   6) 4 ÷ 4 = _____

7) 12 ÷ 3 = _____   8) 0 ÷ 3 = _____   9) 3 ÷ 3 = _____

10) 4 ÷ 4 = _____   11) 15 ÷ 3 = _____   12) 20 ÷ 5 = _____

13) 15 ÷ 3 = _____   14) 9 ÷ 3 = _____   15) 4 ÷ 4 = _____

16) 10 ÷ 5 = _____   17) 4 ÷ 1 = _____   18) 4 ÷ 4 = _____

19) 4 ÷ 2 = _____   20) 5 ÷ 5 = _____   21) 1 ÷ 1 = _____

22) 0 ÷ 5 = _____   23) 8 ÷ 2 = _____   24) 8 ÷ 2 = _____

25) 4 ÷ 2 = _____   26) 6 ÷ 3 = _____   27) 15 ÷ 3 = _____

28) 2 ÷ 1 = _____   29) 9 ÷ 3 = _____   30) 4 ÷ 1 = _____

1) 15 ÷ 5 = _____   2) 6 ÷ 3 = _____   3) 4 ÷ 4 = _____

4) 12 ÷ 3 = _____   5) 5 ÷ 1 = _____   6) 6 ÷ 3 = _____

7) 4 ÷ 2 = _____   8) 5 ÷ 5 = _____   9) 8 ÷ 4 = _____

10) 15 ÷ 3 = _____   11) 8 ÷ 2 = _____   12) 20 ÷ 4 = _____

13) 9 ÷ 3 = _____   14) 2 ÷ 1 = _____   15) 4 ÷ 4 = _____

16) 12 ÷ 3 = _____   17) 4 ÷ 1 = _____   18) 0 ÷ 4 = _____

19) 15 ÷ 3 = _____   20) 15 ÷ 3 = _____   21) 6 ÷ 3 = _____

22) 12 ÷ 3 = _____   23) 3 ÷ 3 = _____   24) 12 ÷ 4 = _____

25) 12 ÷ 3 = _____   26) 20 ÷ 5 = _____   27) 1 ÷ 1 = _____

28) 2 ÷ 2 = _____   29) 9 ÷ 3 = _____   30) 9 ÷ 3 = _____

1) 56 ÷ 8 = _____   2) 40 ÷ 5 = _____   3) 40 ÷ 10 = _____

4) 6 ÷ 1 = _____   5) 10 ÷ 2 = _____   6) 6 ÷ 1 = _____

7) 40 ÷ 10 = _____   8) 3 ÷ 1 = _____   9) 4 ÷ 2 = _____

10) 50 ÷ 5 = _____   11) 30 ÷ 5 = _____   12) 5 ÷ 5 = _____

13) 72 ÷ 9 = _____   14) 20 ÷ 2 = _____   15) 10 ÷ 1 = _____

16) 24 ÷ 8 = _____   17) 80 ÷ 10 = _____   18) 9 ÷ 1 = _____

19) 21 ÷ 3 = _____   20) 7 ÷ 1 = _____   21) 4 ÷ 4 = _____

22) 4 ÷ 1 = _____   23) 90 ÷ 9 = _____   24) 9 ÷ 1 = _____

25) 54 ÷ 9 = _____   26) 15 ÷ 3 = _____   27) 20 ÷ 4 = _____

28) 8 ÷ 1 = _____   29) 6 ÷ 2 = _____   30) 16 ÷ 2 = _____

1) 20 ÷ 5 = _____   2) 8 ÷ 2 = _____   3) 14 ÷ 7 = _____

4) 9 ÷ 3 = _____   5) 8 ÷ 2 = _____   6) 45 ÷ 5 = _____

7) 32 ÷ 8 = _____   8) 80 ÷ 10 = _____   9) 12 ÷ 6 = _____

10) 8 ÷ 2 = _____   11) 4 ÷ 2 = _____   12) 40 ÷ 5 = _____

13) 9 ÷ 3 = _____   14) 24 ÷ 4 = _____   15) 50 ÷ 5 = _____

16) 28 ÷ 4 = _____   17) 18 ÷ 6 = _____   18) 70 ÷ 7 = _____

19) 60 ÷ 6 = _____   20) 30 ÷ 5 = _____   21) 16 ÷ 4 = _____

22) 36 ÷ 6 = _____   23) 20 ÷ 5 = _____   24) 0 ÷ 9 = _____

25) 56 ÷ 7 = _____   26) 40 ÷ 8 = _____   27) 28 ÷ 4 = _____

28) 36 ÷ 9 = _____   29) 7 ÷ 7 = _____   30) 8 ÷ 2 = _____

1) $3 \div 1 =$ _____

2) $15 \div 3 =$ _____

3) $18 \div 3 =$ _____

4) $72 \div 8 =$ _____

5) $18 \div 9 =$ _____

6) $80 \div 10 =$ _____

7) $20 \div 2 =$ _____

8) $30 \div 3 =$ _____

9) $18 \div 6 =$ _____

10) $81 \div 9 =$ _____

11) $56 \div 7 =$ _____

12) $56 \div 8 =$ _____

13) $10 \div 2 =$ _____

14) $10 \div 2 =$ _____

15) $80 \div 10 =$ _____

16) $8 \div 1 =$ _____

17) $14 \div 7 =$ _____

18) $8 \div 2 =$ _____

19) $18 \div 9 =$ _____

20) $8 \div 8 =$ _____

21) $10 \div 10 =$ _____

22) $12 \div 3 =$ _____

23) $70 \div 10 =$ _____

24) $40 \div 5 =$ _____

25) $35 \div 5 =$ _____

26) $42 \div 7 =$ _____

27) $18 \div 3 =$ _____

28) $6 \div 3 =$ _____

29) $12 \div 3 =$ _____

30) $40 \div 4 =$ _____

1) 30 ÷ 6 = _____   2) 10 ÷ 2 = _____   3) 45 ÷ 5 = _____

4) 16 ÷ 4 = _____   5) 72 ÷ 9 = _____   6) 4 ÷ 1 = _____

7) 2 ÷ 1 = _____   8) 0 ÷ 8 = _____   9) 12 ÷ 2 = _____

10) 72 ÷ 9 = _____   11) 81 ÷ 9 = _____   12) 72 ÷ 8 = _____

13) 10 ÷ 5 = _____   14) 36 ÷ 9 = _____   15) 72 ÷ 9 = _____

16) 6 ÷ 1 = _____   17) 24 ÷ 4 = _____   18) 0 ÷ 6 = _____

19) 70 ÷ 7 = _____   20) 4 ÷ 2 = _____   21) 63 ÷ 7 = _____

22) 40 ÷ 8 = _____   23) 8 ÷ 4 = _____   24) 32 ÷ 8 = _____

25) 20 ÷ 4 = _____   26) 27 ÷ 3 = _____   27) 10 ÷ 2 = _____

28) 28 ÷ 4 = _____   29) 10 ÷ 5 = _____   30) 3 ÷ 1 = _____

1) 27 ÷ 9 = _____

2) 0 ÷ 7 = _____

3) 8 ÷ 8 = _____

4) 12 ÷ 2 = _____

5) 8 ÷ 1 = _____

6) 4 ÷ 2 = _____

7) 6 ÷ 6 = _____

8) 4 ÷ 2 = _____

9) 0 ÷ 4 = _____

10) 42 ÷ 7 = _____

11) 2 ÷ 1 = _____

12) 18 ÷ 9 = _____

13) 48 ÷ 8 = _____

14) 30 ÷ 5 = _____

15) 80 ÷ 10 = _____

16) 10 ÷ 2 = _____

17) 49 ÷ 7 = _____

18) 24 ÷ 8 = _____

19) 20 ÷ 2 = _____

20) 30 ÷ 6 = _____

21) 45 ÷ 9 = _____

22) 48 ÷ 8 = _____

23) 16 ÷ 2 = _____

24) 30 ÷ 6 = _____

25) 42 ÷ 6 = _____

26) 0 ÷ 10 = _____

27) 35 ÷ 5 = _____

28) 40 ÷ 5 = _____

29) 9 ÷ 1 = _____

30) 63 ÷ 9 = _____

1) 90 ÷ 9 = _____   2) 36 ÷ 9 = _____   3) 80 ÷ 10 = _____

4) 8 ÷ 1 = _____   5) 54 ÷ 9 = _____   6) 30 ÷ 6 = _____

7) 81 ÷ 9 = _____   8) 5 ÷ 1 = _____   9) 49 ÷ 7 = _____

10) 8 ÷ 4 = _____   11) 42 ÷ 6 = _____   12) 27 ÷ 3 = _____

13) 70 ÷ 10 = _____   14) 42 ÷ 6 = _____   15) 20 ÷ 4 = _____

16) 40 ÷ 5 = _____   17) 16 ÷ 2 = _____   18) 25 ÷ 5 = _____

19) 90 ÷ 9 = _____   20) 90 ÷ 10 = _____   21) 64 ÷ 8 = _____

22) 20 ÷ 4 = _____   23) 12 ÷ 2 = _____   24) 42 ÷ 7 = _____

25) 81 ÷ 9 = _____   26) 50 ÷ 5 = _____   27) 18 ÷ 6 = _____

28) 2 ÷ 2 = _____   29) 45 ÷ 9 = _____   30) 40 ÷ 10 = _____

1) 80 ÷ 8 = _____   2) 45 ÷ 5 = _____   3) 5 ÷ 1 = _____

4) 10 ÷ 5 = _____   5) 3 ÷ 1 = _____   6) 16 ÷ 8 = _____

7) 15 ÷ 3 = _____   8) 2 ÷ 2 = _____   9) 5 ÷ 1 = _____

10) 56 ÷ 7 = _____   11) 70 ÷ 7 = _____   12) 24 ÷ 3 = _____

13) 21 ÷ 7 = _____   14) 72 ÷ 9 = _____   15) 60 ÷ 6 = _____

16) 81 ÷ 9 = _____   17) 72 ÷ 8 = _____   18) 27 ÷ 9 = _____

19) 56 ÷ 8 = _____   20) 81 ÷ 9 = _____   21) 45 ÷ 5 = _____

22) 80 ÷ 10 = _____   23) 9 ÷ 1 = _____   24) 40 ÷ 10 = _____

25) 5 ÷ 1 = _____   26) 30 ÷ 6 = _____   27) 16 ÷ 8 = _____

28) 28 ÷ 4 = _____   29) 10 ÷ 5 = _____   30) 27 ÷ 3 = _____

1) 64 ÷ 8 = _____   2) 27 ÷ 3 = _____   3) 42 ÷ 6 = _____

4) 21 ÷ 3 = _____   5) 24 ÷ 4 = _____   6) 36 ÷ 9 = _____

7) 20 ÷ 5 = _____   8) 6 ÷ 1 = _____   9) 14 ÷ 2 = _____

10) 27 ÷ 3 = _____   11) 6 ÷ 3 = _____   12) 40 ÷ 5 = _____

13) 40 ÷ 5 = _____   14) 50 ÷ 10 = _____   15) 18 ÷ 6 = _____

16) 32 ÷ 8 = _____   17) 24 ÷ 6 = _____   18) 10 ÷ 2 = _____

19) 8 ÷ 4 = _____   20) 10 ÷ 5 = _____   21) 72 ÷ 9 = _____

22) 27 ÷ 9 = _____   23) 32 ÷ 4 = _____   24) 32 ÷ 4 = _____

25) 72 ÷ 8 = _____   26) 8 ÷ 2 = _____   27) 54 ÷ 9 = _____

28) 2 ÷ 1 = _____   29) 25 ÷ 5 = _____   30) 8 ÷ 2 = _____

1) 56 ÷ 7 = _____   2) 8 ÷ 2 = _____   3) 30 ÷ 5 = _____

4) 0 ÷ 10 = _____   5) 24 ÷ 8 = _____   6) 54 ÷ 9 = _____

7) 18 ÷ 9 = _____   8) 16 ÷ 2 = _____   9) 32 ÷ 4 = _____

10) 7 ÷ 1 = _____   11) 5 ÷ 1 = _____   12) 45 ÷ 9 = _____

13) 8 ÷ 4 = _____   14) 60 ÷ 6 = _____   15) 100 ÷ 10 = _____

16) 10 ÷ 5 = _____   17) 60 ÷ 6 = _____   18) 63 ÷ 7 = _____

19) 0 ÷ 7 = _____   20) 8 ÷ 2 = _____   21) 9 ÷ 9 = _____

22) 8 ÷ 4 = _____   23) 24 ÷ 6 = _____   24) 36 ÷ 9 = _____

25) 6 ÷ 2 = _____   26) 6 ÷ 3 = _____   27) 32 ÷ 4 = _____

28) 40 ÷ 4 = _____   29) 30 ÷ 3 = _____   30) 70 ÷ 7 = _____

1) 8 ÷ 1 = _____   2) 9 ÷ 9 = _____   3) 81 ÷ 9 = _____

4) 10 ÷ 5 = _____   5) 25 ÷ 5 = _____   6) 3 ÷ 1 = _____

7) 49 ÷ 7 = _____   8) 70 ÷ 7 = _____   9) 3 ÷ 1 = _____

10) 4 ÷ 2 = _____   11) 40 ÷ 10 = _____   12) 25 ÷ 5 = _____

13) 25 ÷ 5 = _____   14) 20 ÷ 2 = _____   15) 16 ÷ 8 = _____

16) 18 ÷ 6 = _____   17) 8 ÷ 2 = _____   18) 0 ÷ 5 = _____

19) 42 ÷ 7 = _____   20) 24 ÷ 4 = _____   21) 20 ÷ 4 = _____

22) 10 ÷ 1 = _____   23) 20 ÷ 2 = _____   24) 21 ÷ 7 = _____

25) 36 ÷ 4 = _____   26) 90 ÷ 9 = _____   27) 25 ÷ 5 = _____

28) 45 ÷ 9 = _____   29) 28 ÷ 4 = _____   30) 20 ÷ 4 = _____

1) 36 ÷ 3 = ____   2) 42 ÷ 7 = ____   3) 0 ÷ 19 = ____

4) 12 ÷ 2 = ____   5) 114 ÷ 6 = ____   6) 48 ÷ 8 = ____

7) 30 ÷ 2 = ____   8) 36 ÷ 9 = ____   9) 99 ÷ 11 = ____

10) 143 ÷ 11 = ____   11) 30 ÷ 10 = ____   12) 80 ÷ 4 = ____

13) 21 ÷ 7 = ____   14) 27 ÷ 3 = ____   15) 136 ÷ 8 = ____

16) 0 ÷ 14 = ____   17) 24 ÷ 4 = ____   18) 77 ÷ 7 = ____

19) 64 ÷ 8 = ____   20) 168 ÷ 12 = ____   21) 95 ÷ 5 = ____

22) 18 ÷ 2 = ____   23) 60 ÷ 12 = ____   24) 132 ÷ 12 = ____

25) 0 ÷ 17 = ____   26) 44 ÷ 11 = ____   27) 72 ÷ 9 = ____

28) 28 ÷ 2 = ____   29) 40 ÷ 4 = ____   30) 16 ÷ 8 = ____

1) 63 ÷ 9 = _____   2) 48 ÷ 4 = _____   3) 144 ÷ 8 = _____

4) 5 ÷ 1 = _____   5) 7 ÷ 1 = _____   6) 24 ÷ 2 = _____

7) 88 ÷ 11 = _____   8) 70 ÷ 10 = _____   9) 180 ÷ 10 = _____

10) 45 ÷ 9 = _____   11) 24 ÷ 2 = _____   12) 4 ÷ 1 = _____

13) 18 ÷ 9 = _____   14) 27 ÷ 9 = _____   15) 56 ÷ 4 = _____

16) 20 ÷ 1 = _____   17) 8 ÷ 1 = _____   18) 36 ÷ 2 = _____

19) 32 ÷ 4 = _____   20) 33 ÷ 3 = _____   21) 36 ÷ 9 = _____

22) 119 ÷ 7 = _____   23) 30 ÷ 5 = _____   24) 36 ÷ 2 = _____

25) 60 ÷ 4 = _____   26) 132 ÷ 11 = _____   27) 45 ÷ 3 = _____

28) 30 ÷ 5 = _____   29) 7 ÷ 1 = _____   30) 132 ÷ 11 = _____

1) 13 ÷ 1 = _____   2) 30 ÷ 3 = _____   3) 50 ÷ 10 = _____

4) 80 ÷ 10 = _____   5) 130 ÷ 10 = _____   6) 78 ÷ 6 = _____

7) 27 ÷ 3 = _____   8) 16 ÷ 2 = _____   9) 66 ÷ 11 = _____

10) 6 ÷ 2 = _____   11) 68 ÷ 4 = _____   12) 24 ÷ 8 = _____

13) 76 ÷ 4 = _____   14) 35 ÷ 5 = _____   15) 44 ÷ 11 = _____

16) 32 ÷ 2 = _____   17) 18 ÷ 1 = _____   18) 112 ÷ 7 = _____

19) 20 ÷ 2 = _____   20) 66 ÷ 6 = _____   21) 51 ÷ 3 = _____

22) 156 ÷ 12 = _____   23) 72 ÷ 4 = _____   24) 60 ÷ 10 = _____

25) 39 ÷ 3 = _____   26) 108 ÷ 6 = _____   27) 121 ÷ 11 = _____

28) 130 ÷ 10 = _____   29) 0 ÷ 6 = _____   30) 36 ÷ 2 = _____

1) 24 ÷ 6 = _____   2) 24 ÷ 8 = _____   3) 11 ÷ 1 = _____

4) 35 ÷ 5 = _____   5) 56 ÷ 7 = _____   6) 13 ÷ 1 = _____

7) 15 ÷ 1 = _____   8) 24 ÷ 8 = _____   9) 30 ÷ 5 = _____

10) 15 ÷ 3 = _____   11) 100 ÷ 10 = _____   12) 64 ÷ 4 = _____

13) 171 ÷ 9 = _____   14) 7 ÷ 1 = _____   15) 40 ÷ 8 = _____

16) 50 ÷ 5 = _____   17) 120 ÷ 8 = _____   18) 33 ÷ 11 = _____

19) 180 ÷ 9 = _____   20) 42 ÷ 7 = _____   21) 42 ÷ 3 = _____

22) 180 ÷ 10 = _____   23) 54 ÷ 9 = _____   24) 49 ÷ 7 = _____

25) 180 ÷ 9 = _____   26) 57 ÷ 3 = _____   27) 76 ÷ 4 = _____

28) 42 ÷ 6 = _____   29) 96 ÷ 12 = _____   30) 45 ÷ 5 = _____

1) 68 ÷ 4 = _____   2) 8 ÷ 2 = _____   3) 40 ÷ 2 = _____

4) 220 ÷ 11 = _____   5) 10 ÷ 5 = _____   6) 128 ÷ 8 = _____

7) 39 ÷ 3 = _____   8) 80 ÷ 4 = _____   9) 100 ÷ 5 = _____

10) 35 ÷ 7 = _____   11) 132 ÷ 11 = _____   12) 96 ÷ 6 = _____

13) 12 ÷ 4 = _____   14) 28 ÷ 2 = _____   15) 40 ÷ 4 = _____

16) 66 ÷ 6 = _____   17) 96 ÷ 12 = _____   18) 100 ÷ 10 = _____

19) 57 ÷ 3 = _____   20) 144 ÷ 9 = _____   21) 21 ÷ 3 = _____

22) 121 ÷ 11 = _____   23) 12 ÷ 1 = _____   24) 228 ÷ 12 = _____

25) 100 ÷ 10 = _____   26) 60 ÷ 10 = _____   27) 160 ÷ 10 = _____

28) 15 ÷ 1 = _____   29) 48 ÷ 8 = _____   30) 162 ÷ 9 = _____

1) 66 ÷ 6 = _____   2) 80 ÷ 4 = _____   3) 32 ÷ 4 = _____

4) 216 ÷ 12 = _____   5) 16 ÷ 2 = _____   6) 171 ÷ 9 = _____

7) 88 ÷ 8 = _____   8) 27 ÷ 3 = _____   9) 18 ÷ 9 = _____

10) 36 ÷ 12 = _____   11) 144 ÷ 9 = _____   12) 42 ÷ 7 = _____

13) 28 ÷ 7 = _____   14) 20 ÷ 1 = _____   15) 15 ÷ 3 = _____

16) 12 ÷ 2 = _____   17) 66 ÷ 11 = _____   18) 90 ÷ 6 = _____

19) 45 ÷ 5 = _____   20) 80 ÷ 8 = _____   21) 110 ÷ 11 = _____

22) 20 ÷ 2 = _____   23) 136 ÷ 8 = _____   24) 24 ÷ 2 = _____

25) 77 ÷ 7 = _____   26) 7 ÷ 1 = _____   27) 110 ÷ 11 = _____

28) 6 ÷ 1 = _____   29) 119 ÷ 7 = _____   30) 15 ÷ 1 = _____

1) 42 ÷ 7 = _____   2) 63 ÷ 9 = _____   3) 56 ÷ 7 = _____

4) 66 ÷ 6 = _____   5) 65 ÷ 5 = _____   6) 19 ÷ 1 = _____

7) 144 ÷ 12 = _____   8) 52 ÷ 4 = _____   9) 60 ÷ 3 = _____

10) 10 ÷ 2 = _____   11) 76 ÷ 4 = _____   12) 108 ÷ 6 = _____

13) 108 ÷ 6 = _____   14) 12 ÷ 2 = _____   15) 28 ÷ 2 = _____

16) 21 ÷ 7 = _____   17) 143 ÷ 11 = _____   18) 132 ÷ 11 = _____

19) 30 ÷ 5 = _____   20) 80 ÷ 4 = _____   21) 204 ÷ 12 = _____

22) 120 ÷ 8 = _____   23) 126 ÷ 9 = _____   24) 136 ÷ 8 = _____

25) 20 ÷ 1 = _____   26) 110 ÷ 10 = _____   27) 240 ÷ 12 = _____

28) 200 ÷ 10 = _____   29) 8 ÷ 2 = _____   30) 70 ÷ 10 = _____

1) $40 \div 5 =$ _____   2) $55 \div 5 =$ _____   3) $24 \div 8 =$ _____

4) $18 \div 2 =$ _____   5) $220 \div 11 =$ _____   6) $34 \div 2 =$ _____

7) $63 \div 9 =$ _____   8) $75 \div 5 =$ _____   9) $204 \div 12 =$ _____

10) $22 \div 11 =$ _____   11) $91 \div 7 =$ _____   12) $20 \div 1 =$ _____

13) $30 \div 5 =$ _____   14) $14 \div 7 =$ _____   15) $9 \div 1 =$ _____

16) $70 \div 10 =$ _____   17) $108 \div 12 =$ _____   18) $18 \div 9 =$ _____

19) $112 \div 7 =$ _____   20) $144 \div 9 =$ _____   21) $200 \div 10 =$ _____

22) $20 \div 4 =$ _____   23) $204 \div 12 =$ _____   24) $15 \div 5 =$ _____

25) $120 \div 8 =$ _____   26) $30 \div 10 =$ _____   27) $126 \div 9 =$ _____

28) $63 \div 9 =$ _____   29) $36 \div 12 =$ _____   30) $128 \div 8 =$ _____

1) 39 ÷ 3 = _____   2) 18 ÷ 3 = _____   3) 90 ÷ 9 = _____

4) 88 ÷ 11 = _____   5) 40 ÷ 2 = _____   6) 42 ÷ 7 = _____

7) 54 ÷ 9 = _____   8) 6 ÷ 3 = _____   9) 114 ÷ 6 = _____

10) 24 ÷ 8 = _____   11) 170 ÷ 10 = _____   12) 19 ÷ 1 = _____

13) 112 ÷ 7 = _____   14) 48 ÷ 12 = _____   15) 198 ÷ 11 = _____

16) 100 ÷ 10 = _____   17) 108 ÷ 9 = _____   18) 88 ÷ 11 = _____

19) 64 ÷ 4 = _____   20) 15 ÷ 1 = _____   21) 77 ÷ 11 = _____

22) 154 ÷ 11 = _____   23) 66 ÷ 6 = _____   24) 20 ÷ 10 = _____

25) 119 ÷ 7 = _____   26) 190 ÷ 10 = _____   27) 105 ÷ 7 = _____

28) 48 ÷ 6 = _____   29) 9 ÷ 3 = _____   30) 35 ÷ 7 = _____

1) 44 ÷ 11 = _____   2) 66 ÷ 6 = _____   3) 28 ÷ 4 = _____

4) 0 ÷ 16 = _____   5) 70 ÷ 10 = _____   6) 16 ÷ 8 = _____

7) 42 ÷ 6 = _____   8) 96 ÷ 12 = _____   9) 144 ÷ 8 = _____

10) 220 ÷ 11 = _____   11) 9 ÷ 3 = _____   12) 114 ÷ 6 = _____

13) 70 ÷ 7 = _____   14) 209 ÷ 11 = _____   15) 33 ÷ 11 = _____

16) 6 ÷ 3 = _____   17) 132 ÷ 12 = _____   18) 120 ÷ 8 = _____

19) 45 ÷ 5 = _____   20) 200 ÷ 10 = _____   21) 126 ÷ 7 = _____

22) 84 ÷ 7 = _____   23) 84 ÷ 6 = _____   24) 32 ÷ 4 = _____

25) 18 ÷ 6 = _____   26) 3 ÷ 1 = _____   27) 7 ÷ 1 = _____

28) 105 ÷ 7 = _____   29) 40 ÷ 4 = _____   30) 120 ÷ 12 = _____

MIXED PROBLEMS

1) 2 x 6 = _____   2) 6 ÷ 3 = _____   3) 1 ÷ 1 = _____

4) 3 x 4 = _____   5) 2 x 5 = _____   6) 1 ÷ 1 = _____

7) 3 x 4 = _____   8) 32 ÷ 8 = _____   9) 3 x 8 = _____

10) 5 ÷ 1 = _____   11) 5 x 2 = _____   12) 18 ÷ 6 = _____

13) 3 x 2 = _____   14) 10 ÷ 5 = _____   15) 3 x 2 = _____

16) 8 ÷ 8 = _____   17) 3 x 7 = _____   18) 20 ÷ 4 = _____

19) 2 x 3 = _____   20) 14 ÷ 7 = _____   21) 4 x 5 = _____

22) 4 x 4 = _____   23) 15 ÷ 3 = _____   24) 3 ÷ 1 = _____

25) 2 x 4 = _____   26) 40 ÷ 10 = _____   27) 24 ÷ 6 = _____

28) 4 x 7 = _____   29) 40 ÷ 8 = _____   30) 2 x 1 = _____

1) 20 ÷ 10 = _____   2) 2 x 4 = _____   3) 3 x 3 = _____

4) 15 ÷ 3 = _____   5) 18 ÷ 6 = _____   6) 3 ÷ 3 = _____

7) 4 x 4 = _____   8) 5 x 1 = _____   9) 1 x 3 = _____

10) 24 ÷ 8 = _____   11) 24 ÷ 8 = _____   12) 4 x 7 = _____

13) 1 x 5 = _____   14) 16 ÷ 8 = _____   15) 30 ÷ 6 = _____

16) 4 x 1 = _____   17) 15 ÷ 3 = _____   18) 5 x 1 = _____

19) 5 x 9 = _____   20) 18 ÷ 6 = _____   21) 12 ÷ 4 = _____

22) 2 x 2 = _____   23) 35 ÷ 7 = _____   24) 1 x 9 = _____

25) 8 ÷ 4 = _____   26) 2 x 3 = _____   27) 24 ÷ 8 = _____

28) 3 x 6 = _____   29) 2 ÷ 2 = _____   30) 2 x 8 = _____

1) 50 ÷ 10 = _____   2) 3 x 5 = _____   3) 2 ÷ 1 = _____

4) 1 x 9 = _____   5) 1 x 8 = _____   6) 4 x 3 = _____

7) 5 ÷ 5 = _____   8) 35 ÷ 7 = _____   9) 12 ÷ 3 = _____

10) 5 x 1 = _____   11) 50 ÷ 10 = _____   12) 2 x 5 = _____

13) 5 x 0 = _____   14) 3 ÷ 3 = _____   15) 8 ÷ 2 = _____

16) 1 x 6 = _____   17) 6 ÷ 3 = _____   18) 35 ÷ 7 = _____

19) 3 x 7 = _____   20) 4 x 9 = _____   21) 1 x 9 = _____

22) 5 ÷ 5 = _____   23) 40 ÷ 8 = _____   24) 5 x 2 = _____

25) 1 x 9 = _____   26) 4 x 7 = _____   27) 16 ÷ 4 = _____

28) 0 ÷ 1 = _____   29) 12 ÷ 6 = _____   30) 6 ÷ 2 = _____

1) 4 x 3 = _____   2) 5 ÷ 5 = _____   3) 3 x 1 = _____

4) 2 ÷ 1 = _____   5) 2 x 4 = _____   6) 16 ÷ 8 = _____

7) 2 x 9 = _____   8) 30 ÷ 6 = _____   9) 27 ÷ 9 = _____

10) 36 ÷ 9 = _____   11) 3 x 5 = _____   12) 2 x 6 = _____

13) 12 ÷ 4 = _____   14) 5 x 6 = _____   15) 1 x 9 = _____

16) 40 ÷ 10 = _____   17) 36 ÷ 9 = _____   18) 1 x 4 = _____

19) 4 x 9 = _____   20) 12 ÷ 3 = _____   21) 3 ÷ 1 = _____

22) 1 x 8 = _____   23) 5 x 2 = _____   24) 4 ÷ 1 = _____

25) 4 ÷ 1 = _____   26) 12 ÷ 6 = _____   27) 4 x 7 = _____

28) 4 x 5 = _____   29) 4 x 3 = _____   30) 5 x 9 = _____

1) 2 x 8 = _____   2) 4 x 9 = _____   3) 4 ÷ 2 = _____

4) 6 ÷ 6 = _____   5) 3 x 2 = _____   6) 16 ÷ 8 = _____

7) 2 ÷ 1 = _____   8) 4 x 5 = _____   9) 20 ÷ 4 = _____

10) 4 x 2 = _____   11) 12 ÷ 3 = _____   12) 3 x 8 = _____

13) 15 ÷ 3 = _____   14) 5 x 6 = _____   15) 12 ÷ 6 = _____

16) 2 x 5 = _____   17) 12 ÷ 4 = _____   18) 4 x 4 = _____

19) 3 x 3 = _____   20) 3 ÷ 3 = _____   21) 5 ÷ 1 = _____

22) 3 x 5 = _____   23) 5 x 2 = _____   24) 50 ÷ 10 = _____

25) 36 ÷ 9 = _____   26) 2 x 10 = _____   27) 4 x 0 = _____

28) 24 ÷ 8 = _____   29) 3 x 2 = _____   30) 12 ÷ 3 = _____

1) 3 x 0 = _____   2) 5 x 8 = _____   3) 12 ÷ 4 = _____

4) 3 ÷ 3 = _____   5) 24 ÷ 6 = _____   6) 1 x 9 = _____

7) 6 ÷ 6 = _____   8) 3 x 2 = _____   9) 20 ÷ 4 = _____

10) 8 ÷ 2 = _____   11) 4 x 4 = _____   12) 2 x 6 = _____

13) 12 ÷ 3 = _____   14) 4 x 6 = _____   15) 30 ÷ 6 = _____

16) 3 x 6 = _____   17) 4 x 7 = _____   18) 28 ÷ 7 = _____

19) 0 ÷ 3 = _____   20) 4 x 8 = _____   21) 27 ÷ 9 = _____

22) 4 x 3 = _____   23) 9 ÷ 9 = _____   24) 4 x 6 = _____

25) 36 ÷ 9 = _____   26) 2 x 4 = _____   27) 12 ÷ 6 = _____

28) 5 x 8 = _____   29) 6 ÷ 2 = _____   30) 21 ÷ 7 = _____

1) 1 x 10 = _____   2) 4 x 5 = _____   3) 32 ÷ 8 = _____

4) 30 ÷ 10 = _____   5) 20 ÷ 5 = _____   6) 35 ÷ 7 = _____

7) 3 x 6 = _____   8) 1 x 2 = _____   9) 4 ÷ 2 = _____

10) 3 x 1 = _____   11) 18 ÷ 6 = _____   12) 4 x 2 = _____

13) 9 ÷ 3 = _____   14) 2 x 9 = _____   15) 3 x 1 = _____

16) 12 ÷ 4 = _____   17) 30 ÷ 10 = _____   18) 1 x 7 = _____

19) 8 ÷ 2 = _____   20) 2 x 2 = _____   21) 5 x 1 = _____

22) 5 ÷ 1 = _____   23) 3 x 8 = _____   24) 21 ÷ 7 = _____

25) 4 ÷ 2 = _____   26) 3 x 10 = _____   27) 10 ÷ 2 = _____

28) 4 x 3 = _____   29) 2 ÷ 2 = _____   30) 20 ÷ 4 = _____

1) 15 ÷ 5 = _____   2) 24 ÷ 6 = _____   3) 3 x 10 = _____

4) 3 x 10 = _____   5) 8 ÷ 4 = _____   6) 2 ÷ 2 = _____

7) 2 x 8 = _____   8) 1 x 8 = _____   9) 2 x 2 = _____

10) 20 ÷ 4 = _____   11) 8 ÷ 4 = _____   12) 3 x 9 = _____

13) 1 x 9 = _____   14) 4 ÷ 2 = _____   15) 20 ÷ 4 = _____

16) 5 x 5 = _____   17) 8 ÷ 4 = _____   18) 6 ÷ 6 = _____

19) 3 x 3 = _____   20) 2 x 5 = _____   21) 27 ÷ 9 = _____

22) 28 ÷ 7 = _____   23) 1 x 8 = _____   24) 1 x 5 = _____

25) 9 ÷ 9 = _____   26) 30 ÷ 10 = _____   27) 1 x 6 = _____

28) 2 x 5 = _____   29) 3 x 2 = _____   30) 5 x 1 = _____

1) 4 ÷ 2 = _____   2) 4 x 5 = _____   3) 5 x 7 = _____

4) 0 ÷ 2 = _____   5) 5 x 8 = _____   6) 1 x 9 = _____

7) 35 ÷ 7 = _____   8) 8 ÷ 4 = _____   9) 4 x 3 = _____

10) 8 ÷ 4 = _____   11) 50 ÷ 10 = _____   12) 5 x 2 = _____

13) 1 x 9 = _____   14) 45 ÷ 9 = _____   15) 6 ÷ 2 = _____

16) 2 x 4 = _____   17) 4 x 3 = _____   18) 8 ÷ 8 = _____

19) 4 x 3 = _____   20) 10 ÷ 5 = _____   21) 9 ÷ 9 = _____

22) 5 x 9 = _____   23) 10 ÷ 5 = _____   24) 3 x 10 = _____

25) 5 ÷ 1 = _____   26) 21 ÷ 7 = _____   27) 2 x 3 = _____

28) 5 x 4 = _____   29) 3 x 7 = _____   30) 28 ÷ 7 = _____

1) 4 x 10 = _____   2) 20 ÷ 10 = _____   3) 4 ÷ 4 = _____

4) 3 x 7 = _____   5) 15 ÷ 5 = _____   6) 2 x 6 = _____

7) 5 x 5 = _____   8) 45 ÷ 9 = _____   9) 4 ÷ 1 = _____

10) 8 ÷ 4 = _____   11) 3 x 3 = _____   12) 4 x 6 = _____

13) 1 x 5 = _____   14) 12 ÷ 3 = _____   15) 10 ÷ 10 = _____

16) 5 x 8 = _____   17) 2 x 8 = _____   18) 6 ÷ 3 = _____

19) 18 ÷ 6 = _____   20) 1 x 6 = _____   21) 21 ÷ 7 = _____

22) 5 x 10 = _____   23) 8 ÷ 4 = _____   24) 1 x 6 = _____

25) 20 ÷ 10 = _____   26) 1 x 1 = _____   27) 50 ÷ 10 = _____

28) 4 x 9 = _____   29) 5 x 2 = _____   30) 30 ÷ 6 = _____

1) 3 x 5 = _____   2) 9 ÷ 9 = _____   3) 2 x 3 = _____

4) 15 ÷ 5 = _____   5) 2 x 6 = _____   6) 1 x 6 = _____

7) 24 ÷ 4 = _____   8) 80 ÷ 8 = _____   9) 90 ÷ 10 = _____

10) 10 ÷ 2 = _____   11) 4 x 4 = _____   12) 7 x 5 = _____

13) 0 ÷ 4 = _____   14) 21 ÷ 3 = _____   15) 9 x 2 = _____

16) 6 x 6 = _____   17) 70 ÷ 7 = _____   18) 20 ÷ 2 = _____

19) 9 x 7 = _____   20) 1 x 1 = _____   21) 2 x 10 = _____

22) 56 ÷ 8 = _____   23) 14 ÷ 7 = _____   24) 7 x 10 = _____

25) 21 ÷ 3 = _____   26) 10 x 8 = _____   27) 10 ÷ 5 = _____

28) 9 x 8 = _____   29) 42 ÷ 7 = _____   30) 4 x 10 = _____

1) 4 x 1 = _____

2) 1 x 9 = _____

3) 42 ÷ 7 = _____

4) 30 ÷ 5 = _____

5) 18 ÷ 6 = _____

6) 42 ÷ 6 = _____

7) 1 x 3 = _____

8) 4 x 5 = _____

9) 18 ÷ 6 = _____

10) 6 x 9 = _____

11) 5 ÷ 1 = _____

12) 6 x 9 = _____

13) 49 ÷ 7 = _____

14) 9 x 7 = _____

15) 15 ÷ 3 = _____

16) 8 x 4 = _____

17) 28 ÷ 7 = _____

18) 4 x 3 = _____

19) 40 ÷ 5 = _____

20) 7 x 3 = _____

21) 6 x 2 = _____

22) 3 x 3 = _____

23) 40 ÷ 8 = _____

24) 64 ÷ 8 = _____

25) 27 ÷ 9 = _____

26) 72 ÷ 9 = _____

27) 6 x 5 = _____

28) 4 x 10 = _____

29) 3 ÷ 1 = _____

30) 56 ÷ 7 = _____

1) 9 x 9 = _____   2) 9 x 10 = _____   3) 42 ÷ 7 = _____

4) 21 ÷ 7 = _____   5) 7 x 3 = _____   6) 42 ÷ 7 = _____

7) 7 x 9 = _____   8) 12 ÷ 3 = _____   9) 30 ÷ 10 = _____

10) 30 ÷ 5 = _____   11) 8 x 3 = _____   12) 2 x 7 = _____

13) 2 x 4 = _____   14) 28 ÷ 4 = _____   15) 0 ÷ 10 = _____

16) 1 x 2 = _____   17) 3 x 6 = _____   18) 2 ÷ 1 = _____

19) 8 x 2 = _____   20) 10 ÷ 2 = _____   21) 5 ÷ 1 = _____

22) 12 ÷ 4 = _____   23) 4 x 10 = _____   24) 2 x 3 = _____

25) 24 ÷ 6 = _____   26) 10 x 9 = _____   27) 10 ÷ 1 = _____

28) 2 x 10 = _____   29) 6 x 8 = _____   30) 42 ÷ 6 = _____

1) 40 ÷ 8 = _____   2) 3 x 0 = _____   3) 9 x 6 = _____

4) 36 ÷ 4 = _____   5) 7 x 1 = _____   6) 90 ÷ 9 = _____

7) 9 ÷ 3 = _____   8) 7 x 8 = _____   9) 1 ÷ 1 = _____

10) 5 x 6 = _____   11) 10 x 4 = _____   12) 40 ÷ 5 = _____

13) 3 x 4 = _____   14) 6 x 6 = _____   15) 30 ÷ 3 = _____

16) 8 ÷ 2 = _____   17) 10 x 6 = _____   18) 48 ÷ 8 = _____

19) 16 ÷ 4 = _____   20) 5 x 8 = _____   21) 10 ÷ 1 = _____

22) 10 x 8 = _____   23) 7 x 7 = _____   24) 18 ÷ 3 = _____

25) 10 x 7 = _____   26) 24 ÷ 3 = _____   27) 49 ÷ 7 = _____

28) 8 x 5 = _____   29) 24 ÷ 3 = _____   30) 6 x 3 = _____

1) 3 x 1 = _____   2) 4 ÷ 1 = _____   3) 6 ÷ 2 = _____

4) 4 x 3 = _____   5) 2 x 2 = _____   6) 2 x 7 = _____

7) 16 ÷ 4 = _____   8) 0 ÷ 10 = _____   9) 1 ÷ 1 = _____

10) 7 x 1 = _____   11) 5 x 9 = _____   12) 9 ÷ 1 = _____

13) 3 x 6 = _____   14) 12 ÷ 4 = _____   15) 4 x 6 = _____

16) 2 ÷ 2 = _____   17) 9 x 10 = _____   18) 2 x 2 = _____

19) 63 ÷ 7 = _____   20) 3 ÷ 1 = _____   21) 56 ÷ 7 = _____

22) 4 x 3 = _____   23) 70 ÷ 10 = _____   24) 7 x 8 = _____

25) 5 x 6 = _____   26) 3 x 1 = _____   27) 54 ÷ 9 = _____

28) 60 ÷ 6 = _____   29) 4 x 2 = _____   30) 48 ÷ 6 = _____

1) 3 x 6 = _____   2) 10 ÷ 1 = _____   3) 24 ÷ 4 = _____

4) 4 x 4 = _____   5) 16 ÷ 2 = _____   6) 3 x 7 = _____

7) 1 x 4 = _____   8) 35 ÷ 5 = _____   9) 3 x 9 = _____

10) 56 ÷ 8 = _____   11) 4 x 8 = _____   12) 80 ÷ 10 = _____

13) 24 ÷ 3 = _____   14) 8 x 8 = _____   15) 42 ÷ 7 = _____

16) 6 x 4 = _____   17) 10 x 6 = _____   18) 6 x 8 = _____

19) 8 ÷ 2 = _____   20) 35 ÷ 7 = _____   21) 27 ÷ 3 = _____

22) 4 x 2 = _____   23) 7 x 5 = _____   24) 12 ÷ 3 = _____

25) 12 ÷ 3 = _____   26) 50 ÷ 5 = _____   27) 8 x 10 = _____

28) 3 x 9 = _____   29) 2 x 9 = _____   30) 18 ÷ 3 = _____

1) 6 ÷ 6 = _____   2) 3 x 9 = _____   3) 8 x 2 = _____

4) 6 ÷ 2 = _____   5) 8 ÷ 1 = _____   6) 40 ÷ 8 = _____

7) 9 x 3 = _____   8) 3 x 2 = _____   9) 28 ÷ 7 = _____

10) 7 x 6 = _____   11) 6 x 4 = _____   12) 30 ÷ 10 = _____

13) 8 ÷ 1 = _____   14) 12 ÷ 2 = _____   15) 8 x 3 = _____

16) 6 x 2 = _____   17) 8 x 3 = _____   18) 2 ÷ 2 = _____

19) 32 ÷ 4 = _____   20) 6 x 6 = _____   21) 3 x 3 = _____

22) 3 x 3 = _____   23) 28 ÷ 7 = _____   24) 5 ÷ 5 = _____

25) 48 ÷ 6 = _____   26) 3 x 2 = _____   27) 4 x 9 = _____

28) 32 ÷ 8 = _____   29) 9 ÷ 1 = _____   30) 0 ÷ 5 = _____

1) 15 ÷ 3 = _____   2) 3 x 3 = _____   3) 30 ÷ 10 = _____

4) 10 x 5 = _____   5) 14 ÷ 2 = _____   6) 5 x 3 = _____

7) 4 x 3 = _____   8) 15 ÷ 3 = _____   9) 48 ÷ 8 = _____

10) 3 x 1 = _____   11) 50 ÷ 5 = _____   12) 5 x 5 = _____

13) 10 ÷ 10 = _____   14) 7 x 1 = _____   15) 6 x 8 = _____

16) 72 ÷ 8 = _____   17) 14 ÷ 7 = _____   18) 6 x 10 = _____

19) 5 x 2 = _____   20) 72 ÷ 8 = _____   21) 20 ÷ 4 = _____

22) 6 x 1 = _____   23) 72 ÷ 9 = _____   24) 3 x 7 = _____

25) 5 x 4 = _____   26) 5 x 6 = _____   27) 50 ÷ 5 = _____

28) 18 ÷ 3 = _____   29) 90 ÷ 9 = _____   30) 12 ÷ 6 = _____

1) $54 \div 9 = $ _____

2) $9 \times 6 = $ _____

3) $14 \div 2 = $ _____

4) $6 \times 1 = $ _____

5) $8 \times 2 = $ _____

6) $6 \times 8 = $ _____

7) $24 \div 6 = $ _____

8) $9 \div 3 = $ _____

9) $72 \div 9 = $ _____

10) $6 \times 3 = $ _____

11) $21 \div 3 = $ _____

12) $2 \times 1 = $ _____

13) $36 \div 9 = $ _____

14) $6 \div 2 = $ _____

15) $2 \times 10 = $ _____

16) $6 \times 3 = $ _____

17) $9 \times 4 = $ _____

18) $10 \times 2 = $ _____

19) $12 \div 6 = $ _____

20) $12 \div 4 = $ _____

21) $4 \times 2 = $ _____

22) $12 \div 2 = $ _____

23) $6 \times 5 = $ _____

24) $18 \div 3 = $ _____

25) $8 \times 1 = $ _____

26) $0 \div 5 = $ _____

27) $5 \div 5 = $ _____

28) $8 \times 3 = $ _____

29) $10 \times 5 = $ _____

30) $9 \times 10 = $ _____

1) 9 x 10 = _____   2) 6 x 9 = _____   3) 6 ÷ 3 = _____

4) 72 ÷ 8 = _____   5) 20 ÷ 10 = _____   6) 7 x 9 = _____

7) 45 ÷ 9 = _____   8) 7 x 5 = _____   9) 10 x 5 = _____

10) 54 ÷ 6 = _____   11) 9 x 2 = _____   12) 60 ÷ 6 = _____

13) 12 ÷ 2 = _____   14) 10 x 8 = _____   15) 3 x 3 = _____

16) 25 ÷ 5 = _____   17) 5 x 3 = _____   18) 9 x 3 = _____

19) 1 ÷ 1 = _____   20) 70 ÷ 10 = _____   21) 24 ÷ 4 = _____

22) 7 x 3 = _____   23) 21 ÷ 3 = _____   24) 3 x 1 = _____

25) 30 ÷ 3 = _____   26) 2 x 3 = _____   27) 6 x 7 = _____

28) 4 ÷ 4 = _____   29) 9 x 3 = _____   30) 80 ÷ 8 = _____

1) 20 ÷ 10 = _____   2) 5 x 6 = _____   3) 5 ÷ 1 = _____

4) 12 x 6 = _____   5) 10 ÷ 5 = _____   6) 11 ÷ 1 = _____

7) 11 x 3 = _____   8) 9 x 10 = _____   9) 4 x 9 = _____

10) 108 ÷ 9 = _____   11) 9 x 7 = _____   12) 24 ÷ 8 = _____

13) 55 ÷ 5 = _____   14) 24 ÷ 3 = _____   15) 10 x 4 = _____

16) 6 x 1 = _____   17) 5 x 7 = _____   18) 5 ÷ 1 = _____

19) 18 ÷ 6 = _____   20) 9 x 1 = _____   21) 3 x 6 = _____

22) 18 ÷ 9 = _____   23) 110 ÷ 10 = _____   24) 11 x 4 = _____

25) 88 ÷ 8 = _____   26) 56 ÷ 8 = _____   27) 8 x 3 = _____

28) 4 x 6 = _____   29) 7 ÷ 1 = _____   30) 56 ÷ 8 = _____

1) 84 ÷ 7 = _____   2) 4 x 1 = _____   3) 8 x 4 = _____

4) 30 ÷ 10 = _____   5) 10 ÷ 2 = _____   6) 49 ÷ 7 = _____

7) 7 x 1 = _____   8) 10 x 1 = _____   9) 6 x 4 = _____

10) 55 ÷ 5 = _____   11) 3 x 8 = _____   12) 40 ÷ 5 = _____

13) 7 x 1 = _____   14) 48 ÷ 4 = _____   15) 5 ÷ 1 = _____

16) 3 x 8 = _____   17) 16 ÷ 8 = _____   18) 11 x 3 = _____

19) 30 ÷ 6 = _____   20) 12 x 9 = _____   21) 4 x 4 = _____

22) 40 ÷ 5 = _____   23) 32 ÷ 4 = _____   24) 4 x 3 = _____

25) 18 ÷ 2 = _____   26) 12 x 3 = _____   27) 5 x 7 = _____

28) 18 ÷ 9 = _____   29) 20 ÷ 10 = _____   30) 6 x 5 = _____

1) 21 ÷ 7 = _____   2) 4 ÷ 1 = _____   3) 12 x 10 = _____

4) 4 x 1 = _____   5) 63 ÷ 7 = _____   6) 27 ÷ 3 = _____

7) 4 x 1 = _____   8) 8 x 6 = _____   9) 12 ÷ 3 = _____

10) 11 x 10 = _____   11) 7 x 6 = _____   12) 9 ÷ 9 = _____

13) 5 x 10 = _____   14) 9 x 5 = _____   15) 96 ÷ 8 = _____

16) 14 ÷ 2 = _____   17) 5 x 9 = _____   18) 4 x 10 = _____

19) 90 ÷ 9 = _____   20) 60 ÷ 6 = _____   21) 60 ÷ 6 = _____

22) 12 ÷ 2 = _____   23) 10 x 2 = _____   24) 6 x 5 = _____

25) 9 x 8 = _____   26) 10 x 1 = _____   27) 5 ÷ 1 = _____

28) 24 ÷ 8 = _____   29) 64 ÷ 8 = _____   30) 40 ÷ 5 = _____

1) 7 x 10 = _____   2) 99 ÷ 9 = _____   3) 6 x 8 = _____

4) 48 ÷ 8 = _____   5) 8 x 10 = _____   6) 108 ÷ 9 = _____

7) 8 x 3 = _____   8) 90 ÷ 10 = _____   9) 28 ÷ 7 = _____

10) 12 x 10 = _____   11) 12 ÷ 6 = _____   12) 8 x 7 = _____

13) 64 ÷ 8 = _____   14) 11 x 5 = _____   15) 9 x 9 = _____

16) 15 ÷ 5 = _____   17) 6 x 4 = _____   18) 11 x 7 = _____

19) 40 ÷ 10 = _____   20) 28 ÷ 4 = _____   21) 20 ÷ 4 = _____

22) 4 x 5 = _____   23) 8 x 6 = _____   24) 55 ÷ 5 = _____

25) 10 x 5 = _____   26) 4 x 6 = _____   27) 99 ÷ 9 = _____

28) 21 ÷ 3 = _____   29) 9 x 9 = _____   30) 9 ÷ 9 = _____

1) 12 x 5 = _____   2) 7 x 4 = _____   3) 48 ÷ 8 = _____

4) 32 ÷ 8 = _____   5) 2 x 2 = _____   6) 6 x 8 = _____

7) 8 ÷ 2 = _____   8) 84 ÷ 7 = _____   9) 7 x 3 = _____

10) 24 ÷ 2 = _____   11) 56 ÷ 7 = _____   12) 4 x 9 = _____

13) 2 x 5 = _____   14) 32 ÷ 4 = _____   15) 63 ÷ 9 = _____

16) 11 x 7 = _____   17) 80 ÷ 10 = _____   18) 6 x 1 = _____

19) 32 ÷ 4 = _____   20) 6 x 8 = _____   21) 6 x 7 = _____

22) 9 x 5 = _____   23) 5 ÷ 1 = _____   24) 9 ÷ 1 = _____

25) 7 x 7 = _____   26) 45 ÷ 5 = _____   27) 24 ÷ 8 = _____

28) 12 x 9 = _____   29) 4 ÷ 2 = _____   30) 2 x 7 = _____

1) 72 ÷ 8 = _____

2) 6 x 7 = _____

3) 4 x 3 = _____

4) 77 ÷ 7 = _____

5) 2 x 1 = _____

6) 9 x 8 = _____

7) 24 ÷ 2 = _____

8) 8 ÷ 1 = _____

9) 3 x 5 = _____

10) 88 ÷ 8 = _____

11) 40 ÷ 8 = _____

12) 8 x 4 = _____

13) 10 x 8 = _____

14) 63 ÷ 7 = _____

15) 8 x 1 = _____

16) 120 ÷ 10 = _____

17) 7 ÷ 1 = _____

18) 7 x 9 = _____

19) 6 x 5 = _____

20) 36 ÷ 9 = _____

21) 27 ÷ 9 = _____

22) 2 x 8 = _____

23) 12 x 7 = _____

24) 27 ÷ 9 = _____

25) 63 ÷ 7 = _____

26) 3 x 4 = _____

27) 9 x 7 = _____

28) 28 ÷ 7 = _____

29) 0 ÷ 4 = _____

30) 2 x 6 = _____

1) 5 x 1 = _____   2) 7 x 2 = _____   3) 32 ÷ 8 = _____

4) 55 ÷ 5 = _____   5) 10 x 9 = _____   6) 12 x 7 = _____

7) 20 ÷ 4 = _____   8) 24 ÷ 6 = _____   9) 12 ÷ 1 = _____

10) 6 x 10 = _____   11) 8 x 9 = _____   12) 72 ÷ 6 = _____

13) 10 x 1 = _____   14) 8 x 4 = _____   15) 50 ÷ 10 = _____

16) 72 ÷ 6 = _____   17) 2 ÷ 2 = _____   18) 2 x 7 = _____

19) 12 ÷ 6 = _____   20) 8 x 9 = _____   21) 55 ÷ 5 = _____

22) 63 ÷ 9 = _____   23) 6 x 5 = _____   24) 12 x 8 = _____

25) 12 x 6 = _____   26) 10 x 4 = _____   27) 54 ÷ 6 = _____

28) 84 ÷ 7 = _____   29) 56 ÷ 8 = _____   30) 36 ÷ 3 = _____

1) 36 ÷ 9 = _____

2) 10 x 6 = _____

3) 12 ÷ 3 = _____

4) 3 x 9 = _____

5) 9 x 3 = _____

6) 56 ÷ 8 = _____

7) 5 x 2 = _____

8) 64 ÷ 8 = _____

9) 6 x 1 = _____

10) 77 ÷ 7 = _____

11) 4 x 10 = _____

12) 8 ÷ 2 = _____

13) 3 x 4 = _____

14) 21 ÷ 3 = _____

15) 6 x 1 = _____

16) 10 ÷ 5 = _____

17) 40 ÷ 4 = _____

18) 20 ÷ 2 = _____

19) 6 x 5 = _____

20) 3 x 3 = _____

21) 4 x 10 = _____

22) 10 x 8 = _____

23) 81 ÷ 9 = _____

24) 10 ÷ 1 = _____

25) 5 ÷ 1 = _____

26) 66 ÷ 6 = _____

27) 5 x 6 = _____

28) 12 x 3 = _____

29) 9 x 10 = _____

30) 90 ÷ 9 = _____

1) 3 x 1 = _____

2) 12 ÷ 2 = _____

3) 11 x 9 = _____

4) 35 ÷ 7 = _____

5) 10 x 3 = _____

6) 80 ÷ 10 = _____

7) 32 ÷ 4 = _____

8) 6 x 6 = _____

9) 10 x 4 = _____

10) 60 ÷ 10 = _____

11) 7 x 1 = _____

12) 42 ÷ 7 = _____

13) 8 x 5 = _____

14) 72 ÷ 9 = _____

15) 20 ÷ 2 = _____

16) 12 x 6 = _____

17) 33 ÷ 3 = _____

18) 7 x 7 = _____

19) 9 x 3 = _____

20) 9 ÷ 1 = _____

21) 4 x 2 = _____

22) 10 x 0 = _____

23) 70 ÷ 10 = _____

24) 63 ÷ 9 = _____

25) 2 x 4 = _____

26) 12 x 9 = _____

27) 70 ÷ 10 = _____

28) 21 ÷ 3 = _____

29) 3 ÷ 1 = _____

30) 6 ÷ 3 = _____

1) $9 \div 3 =$ _____   2) $1 \times 4 =$ _____   3) $10 \times 9 =$ _____

4) $20 \div 2 =$ _____   5) $21 \div 3 =$ _____   6) $28 \div 4 =$ _____

7) $2 \times 1 =$ _____   8) $6 \times 2 =$ _____   9) $108 \div 9 =$ _____

10) $11 \times 5 =$ _____   11) $5 \times 2 =$ _____   12) $24 \div 6 =$ _____

13) $108 \div 9 =$ _____   14) $20 \div 5 =$ _____   15) $10 \times 1 =$ _____

16) $12 \times 3 =$ _____   17) $50 \div 5 =$ _____   18) $3 \times 2 =$ _____

19) $5 \div 1 =$ _____   20) $5 \times 7 =$ _____   21) $16 \div 8 =$ _____

22) $12 \times 3 =$ _____   23) $11 \times 4 =$ _____   24) $24 \div 3 =$ _____

25) $6 \times 4 =$ _____   26) $25 \div 5 =$ _____   27) $32 \div 8 =$ _____

28) $5 \times 6 =$ _____   29) $2 \div 1 =$ _____   30) $12 \times 9 =$ _____

1) 45 ÷ 3 = _____   2) 4 x 7 = _____   3) 80 ÷ 8 = _____

4) 5 x 8 = _____   5) 15 ÷ 5 = _____   6) 13 x 6 = _____

7) 2 x 4 = _____   8) 20 ÷ 5 = _____   9) 10 x 7 = _____

10) 12 x 10 = _____   11) 45 ÷ 9 = _____   12) 63 ÷ 9 = _____

13) 4 x 1 = _____   14) 56 ÷ 4 = _____   15) 4 ÷ 2 = _____

16) 9 x 4 = _____   17) 100 ÷ 10 = _____   18) 10 x 10 = _____

19) 4 x 10 = _____   20) 7 ÷ 1 = _____   21) 20 ÷ 10 = _____

22) 56 ÷ 7 = _____   23) 14 x 10 = _____   24) 8 x 2 = _____

25) 9 ÷ 3 = _____   26) 12 x 4 = _____   27) 12 ÷ 6 = _____

28) 6 x 9 = _____   29) 20 ÷ 10 = _____   30) 8 x 9 = _____

1) 15 x 4 = _____

2) 10 x 7 = _____

3) 63 ÷ 9 = _____

4) 66 ÷ 6 = _____

5) 105 ÷ 7 = _____

6) 11 x 9 = _____

7) 6 x 9 = _____

8) 126 ÷ 9 = _____

9) 13 x 8 = _____

10) 6 ÷ 3 = _____

11) 6 x 10 = _____

12) 65 ÷ 5 = _____

13) 72 ÷ 8 = _____

14) 3 x 2 = _____

15) 16 ÷ 4 = _____

16) 2 x 4 = _____

17) 56 ÷ 4 = _____

18) 13 x 3 = _____

19) 15 ÷ 5 = _____

20) 15 x 1 = _____

21) 11 x 9 = _____

22) 14 ÷ 2 = _____

23) 3 x 2 = _____

24) 50 ÷ 5 = _____

25) 91 ÷ 7 = _____

26) 70 ÷ 7 = _____

27) 11 x 9 = _____

28) 5 x 9 = _____

29) 4 x 4 = _____

30) 98 ÷ 7 = _____

1) 11 x 4 = _____

2) 3 ÷ 1 = _____

3) 112 ÷ 8 = _____

4) 13 x 3 = _____

5) 3 x 3 = _____

6) 6 x 5 = _____

7) 14 ÷ 1 = _____

8) 52 ÷ 4 = _____

9) 91 ÷ 7 = _____

10) 11 ÷ 1 = _____

11) 9 x 3 = _____

12) 10 x 7 = _____

13) 7 x 5 = _____

14) 8 ÷ 2 = _____

15) 12 x 3 = _____

16) 30 ÷ 5 = _____

17) 52 ÷ 4 = _____

18) 52 ÷ 4 = _____

19) 5 x 6 = _____

20) 4 x 1 = _____

21) 16 ÷ 2 = _____

22) 9 x 2 = _____

23) 11 x 10 = _____

24) 36 ÷ 9 = _____

25) 108 ÷ 9 = _____

26) 56 ÷ 8 = _____

27) 5 x 7 = _____

28) 4 x 2 = _____

29) 9 x 5 = _____

30) 6 ÷ 1 = _____

1) 24 ÷ 6 = _____   2) 6 x 1 = _____   3) 70 ÷ 5 = _____

4) 7 x 9 = _____   5) 105 ÷ 7 = _____   6) 11 x 10 = _____

7) 36 ÷ 9 = _____   8) 14 x 2 = _____   9) 8 ÷ 2 = _____

10) 7 x 7 = _____   11) 72 ÷ 9 = _____   12) 15 x 0 = _____

13) 13 x 5 = _____   14) 45 ÷ 9 = _____   15) 13 x 1 = _____

16) 10 ÷ 5 = _____   17) 4 x 10 = _____   18) 45 ÷ 9 = _____

19) 6 x 8 = _____   20) 33 ÷ 3 = _____   21) 7 x 10 = _____

22) 28 ÷ 2 = _____   23) 49 ÷ 7 = _____   24) 10 x 10 = _____

25) 14 x 7 = _____   26) 6 x 8 = _____   27) 140 ÷ 10 = _____

28) 40 ÷ 4 = _____   29) 30 ÷ 10 = _____   30) 12 x 9 = _____

1) 5 x 3 = _____

2) 21 ÷ 7 = _____

3) 11 x 9 = _____

4) 44 ÷ 4 = _____

5) 48 ÷ 6 = _____

6) 30 ÷ 5 = _____

7) 8 x 1 = _____

8) 10 x 2 = _____

9) 28 ÷ 4 = _____

10) 5 x 4 = _____

11) 24 ÷ 4 = _____

12) 14 x 7 = _____

13) 12 x 1 = _____

14) 60 ÷ 5 = _____

15) 13 x 7 = _____

16) 28 ÷ 7 = _____

17) 10 ÷ 5 = _____

18) 11 x 7 = _____

19) 12 ÷ 2 = _____

20) 6 x 9 = _____

21) 18 ÷ 2 = _____

22) 14 x 9 = _____

23) 6 ÷ 2 = _____

24) 2 x 7 = _____

25) 12 x 4 = _____

26) 3 x 7 = _____

27) 96 ÷ 8 = _____

28) 66 ÷ 6 = _____

29) 6 ÷ 1 = _____

30) 12 x 6 = _____

1) 10 x 9 = _____   2) 36 ÷ 3 = _____   3) 30 ÷ 10 = _____

4) 4 x 6 = _____   5) 84 ÷ 7 = _____   6) 3 x 2 = _____

7) 35 ÷ 5 = _____   8) 11 x 4 = _____   9) 81 ÷ 9 = _____

10) 64 ÷ 8 = _____   11) 7 x 5 = _____   12) 2 x 8 = _____

13) 15 x 7 = _____   14) 16 ÷ 2 = _____   15) 4 x 8 = _____

16) 12 ÷ 2 = _____   17) 36 ÷ 4 = _____   18) 14 ÷ 7 = _____

19) 10 x 10 = _____   20) 12 x 9 = _____   21) 88 ÷ 8 = _____

22) 80 ÷ 10 = _____   23) 5 x 1 = _____   24) 11 x 6 = _____

25) 33 ÷ 3 = _____   26) 9 x 9 = _____   27) 5 x 3 = _____

28) 25 ÷ 5 = _____   29) 8 ÷ 4 = _____   30) 0 ÷ 5 = _____

1) 13 x 7 = _____   2) 70 ÷ 5 = _____   3) 12 x 5 = _____

4) 120 ÷ 8 = _____   5) 14 ÷ 7 = _____   6) 66 ÷ 6 = _____

7) 14 x 7 = _____   8) 14 x 3 = _____   9) 4 x 8 = _____

10) 80 ÷ 10 = _____   11) 35 ÷ 7 = _____   12) 14 x 7 = _____

13) 30 ÷ 5 = _____   14) 24 ÷ 6 = _____   15) 11 x 2 = _____

16) 8 x 8 = _____   17) 30 ÷ 3 = _____   18) 13 x 5 = _____

19) 14 x 3 = _____   20) 0 ÷ 3 = _____   21) 4 x 9 = _____

22) 3 x 9 = _____   23) 28 ÷ 2 = _____   24) 25 ÷ 5 = _____

25) 84 ÷ 7 = _____   26) 8 x 3 = _____   27) 6 x 4 = _____

28) 150 ÷ 10 = _____   29) 20 ÷ 10 = _____   30) 24 ÷ 2 = _____

1) 12 x 5 = _____   2) 26 ÷ 2 = _____   3) 50 ÷ 5 = _____

4) 3 x 5 = _____   5) 9 x 4 = _____   6) 60 ÷ 10 = _____

7) 120 ÷ 10 = _____   8) 9 x 2 = _____   9) 10 x 9 = _____

10) 36 ÷ 9 = _____   11) 14 x 8 = _____   12) 15 ÷ 1 = _____

13) 11 x 0 = _____   14) 0 ÷ 9 = _____   15) 48 ÷ 6 = _____

16) 7 x 6 = _____   17) 4 x 7 = _____   18) 8 x 3 = _____

19) 42 ÷ 7 = _____   20) 8 ÷ 2 = _____   21) 12 x 6 = _____

22) 12 x 1 = _____   23) 32 ÷ 8 = _____   24) 70 ÷ 5 = _____

25) 18 ÷ 6 = _____   26) 15 x 3 = _____   27) 10 x 3 = _____

28) 14 ÷ 1 = _____   29) 4 x 2 = _____   30) 5 ÷ 1 = _____

1) 98 ÷ 7 = _____   2) 13 x 3 = _____   3) 120 ÷ 10 = _____

4) 12 x 8 = _____   5) 39 ÷ 3 = _____   6) 16 ÷ 8 = _____

7) 2 x 2 = _____   8) 3 x 8 = _____   9) 80 ÷ 8 = _____

10) 11 x 2 = _____   11) 9 x 6 = _____   12) 12 ÷ 6 = _____

13) 7 x 5 = _____   14) 8 x 4 = _____   15) 78 ÷ 6 = _____

16) 64 ÷ 8 = _____   17) 10 ÷ 2 = _____   18) 40 ÷ 10 = _____

19) 7 x 4 = _____   20) 8 x 4 = _____   21) 150 ÷ 10 = _____

22) 6 x 5 = _____   23) 8 x 9 = _____   24) 13 ÷ 1 = _____

25) 12 x 4 = _____   26) 90 ÷ 6 = _____   27) 4 x 10 = _____

28) 26 ÷ 2 = _____   29) 63 ÷ 7 = _____   30) 12 ÷ 3 = _____

1) 14 x 9 = _____   2) 72 ÷ 6 = _____   3) 3 x 4 = _____

4) 140 ÷ 10 = _____   5) 55 ÷ 5 = _____   6) 0 ÷ 14 = _____

7) 7 x 4 = _____   8) 10 x 8 = _____   9) 100 ÷ 10 = _____

10) 11 x 6 = _____   11) 13 x 2 = _____   12) 105 ÷ 7 = _____

13) 9 x 3 = _____   14) 45 ÷ 5 = _____   15) 2 x 5 = _____

16) 2 ÷ 1 = _____   17) 10 x 3 = _____   18) 98 ÷ 7 = _____

19) 40 ÷ 8 = _____   20) 9 x 9 = _____   21) 66 ÷ 6 = _____

22) 9 x 6 = _____   23) 8 x 0 = _____   24) 42 ÷ 3 = _____

25) 15 x 10 = _____   26) 14 ÷ 1 = _____   27) 18 ÷ 3 = _____

28) 6 x 2 = _____   29) 3 x 8 = _____   30) 13 x 9 = _____

1) 19 x 4 = _____   2) 10 x 1 = _____   3) 90 ÷ 9 = _____

4) 51 ÷ 3 = _____   5) 22 ÷ 2 = _____   6) 15 x 2 = _____

7) 8 ÷ 1 = _____   8) 13 x 4 = _____   9) 44 ÷ 4 = _____

10) 12 x 10 = _____   11) 9 x 5 = _____   12) 8 ÷ 2 = _____

13) 54 ÷ 6 = _____   14) 12 x 2 = _____   15) 60 ÷ 6 = _____

16) 5 x 5 = _____   17) 30 ÷ 6 = _____   18) 5 x 7 = _____

19) 200 ÷ 10 = _____   20) 4 x 3 = _____   21) 22 ÷ 2 = _____

22) 15 x 10 = _____   23) 162 ÷ 9 = _____   24) 7 x 6 = _____

25) 57 ÷ 3 = _____   26) 8 ÷ 4 = _____   27) 12 x 9 = _____

28) 11 x 7 = _____   29) 35 ÷ 5 = _____   30) 6 ÷ 2 = _____

1) 2 x 6 = _____   2) 16 x 8 = _____   3) 36 ÷ 3 = _____

4) 20 ÷ 4 = _____   5) 140 ÷ 10 = _____   6) 13 x 1 = _____

7) 77 ÷ 7 = _____   8) 11 x 1 = _____   9) 120 ÷ 6 = _____

10) 84 ÷ 7 = _____   11) 8 x 5 = _____   12) 3 x 9 = _____

13) 3 x 4 = _____   14) 24 ÷ 3 = _____   15) 13 x 2 = _____

16) 0 ÷ 7 = _____   17) 6 x 1 = _____   18) 6 ÷ 2 = _____

19) 17 x 5 = _____   20) 54 ÷ 9 = _____   21) 136 ÷ 8 = _____

22) 4 x 10 = _____   23) 48 ÷ 6 = _____   24) 3 x 1 = _____

25) 3 x 7 = _____   26) 18 ÷ 9 = _____   27) 120 ÷ 8 = _____

28) 9 x 6 = _____   29) 8 x 6 = _____   30) 20 ÷ 2 = _____

1) 44 ÷ 4 = _____   2) 12 x 3 = _____   3) 98 ÷ 7 = _____

4) 8 x 9 = _____   5) 8 x 7 = _____   6) 21 ÷ 3 = _____

7) 6 ÷ 2 = _____   8) 5 x 4 = _____   9) 136 ÷ 8 = _____

10) 40 ÷ 10 = _____   11) 17 x 6 = _____   12) 6 x 8 = _____

13) 19 x 2 = _____   14) 40 ÷ 2 = _____   15) 64 ÷ 8 = _____

16) 8 x 10 = _____   17) 24 ÷ 6 = _____   18) 3 x 5 = _____

19) 17 x 3 = _____   20) 90 ÷ 6 = _____   21) 16 x 6 = _____

22) 70 ÷ 10 = _____   23) 80 ÷ 5 = _____   24) 2 x 4 = _____

25) 13 ÷ 1 = _____   26) 4 x 7 = _____   27) 63 ÷ 9 = _____

28) 8 x 7 = _____   29) 19 x 6 = _____   30) 100 ÷ 10 = _____

1) 6 ÷ 2 = _____   2) 24 ÷ 4 = _____   3) 5 x 7 = _____

4) 9 x 5 = _____   5) 170 ÷ 10 = _____   6) 12 x 10 = _____

7) 135 ÷ 9 = _____   8) 7 x 7 = _____   9) 17 x 10 = _____

10) 9 ÷ 1 = _____   11) 14 x 9 = _____   12) 0 ÷ 6 = _____

13) 16 x 7 = _____   14) 40 ÷ 4 = _____   15) 20 x 5 = _____

16) 112 ÷ 8 = _____   17) 19 x 1 = _____   18) 6 x 1 = _____

19) 70 ÷ 5 = _____   20) 90 ÷ 10 = _____   21) 96 ÷ 8 = _____

22) 3 x 1 = _____   23) 8 x 1 = _____   24) 64 ÷ 8 = _____

25) 0 ÷ 18 = _____   26) 12 ÷ 4 = _____   27) 10 x 8 = _____

28) 6 x 1 = _____   29) 11 x 7 = _____   30) 13 x 1 = _____

1) 24 ÷ 2 = _____   2) 9 x 5 = _____   3) 16 x 2 = _____

4) 81 ÷ 9 = _____   5) 96 ÷ 6 = _____   6) 16 x 7 = _____

7) 5 x 8 = _____   8) 117 ÷ 9 = _____   9) 66 ÷ 6 = _____

10) 19 x 4 = _____   11) 4 x 3 = _____   12) 20 ÷ 5 = _____

13) 95 ÷ 5 = _____   14) 12 x 2 = _____   15) 66 ÷ 6 = _____

16) 2 x 3 = _____   17) 20 x 4 = _____   18) 12 ÷ 6 = _____

19) 3 x 5 = _____   20) 15 ÷ 3 = _____   21) 3 x 3 = _____

22) 117 ÷ 9 = _____   23) 180 ÷ 9 = _____   24) 13 x 1 = _____

25) 17 ÷ 1 = _____   26) 24 ÷ 2 = _____   27) 9 x 4 = _____

28) 12 x 5 = _____   29) 6 x 8 = _____   30) 5 ÷ 1 = _____

1) 36 ÷ 3 = _____   2) 19 x 2 = _____   3) 162 ÷ 9 = _____

4) 11 x 9 = _____   5) 32 ÷ 2 = _____   6) 12 x 7 = _____

7) 5 x 5 = _____   8) 13 ÷ 1 = _____   9) 4 x 2 = _____

10) 18 ÷ 9 = _____   11) 171 ÷ 9 = _____   12) 7 x 2 = _____

13) 20 ÷ 4 = _____   14) 6 x 1 = _____   15) 42 ÷ 7 = _____

16) 13 x 9 = _____   17) 3 x 3 = _____   18) 6 x 9 = _____

19) 150 ÷ 10 = _____   20) 60 ÷ 6 = _____   21) 5 x 9 = _____

22) 12 x 10 = _____   23) 110 ÷ 10 = _____   24) 112 ÷ 8 = _____

25) 33 ÷ 3 = _____   26) 8 x 6 = _____   27) 15 x 3 = _____

28) 40 ÷ 4 = _____   29) 70 ÷ 7 = _____   30) 32 ÷ 4 = _____

1) 4 x 6 = _____   2) 18 x 4 = _____   3) 63 ÷ 7 = _____

4) 60 ÷ 10 = _____   5) 20 x 3 = _____   6) 15 ÷ 5 = _____

7) 12 x 10 = _____   8) 20 ÷ 5 = _____   9) 24 ÷ 6 = _____

10) 19 x 1 = _____   11) 19 x 9 = _____   12) 38 ÷ 2 = _____

13) 14 x 8 = _____   14) 19 x 9 = _____   15) 80 ÷ 8 = _____

16) 42 ÷ 7 = _____   17) 44 ÷ 4 = _____   18) 3 x 9 = _____

19) 7 x 8 = _____   20) 60 ÷ 3 = _____   21) 13 x 4 = _____

22) 3 x 3 = _____   23) 96 ÷ 8 = _____   24) 72 ÷ 8 = _____

25) 54 ÷ 3 = _____   26) 150 ÷ 10 = _____   27) 11 x 8 = _____

28) 17 x 8 = _____   29) 14 x 2 = _____   30) 5 x 8 = _____

1) 16 x 4 = _____   2) 4 x 10 = _____   3) 126 ÷ 9 = _____

4) 48 ÷ 3 = _____   5) 77 ÷ 7 = _____   6) 11 x 0 = _____

7) 56 ÷ 8 = _____   8) 6 x 7 = _____   9) 15 x 3 = _____

10) 135 ÷ 9 = _____   11) 5 x 7 = _____   12) 88 ÷ 8 = _____

13) 13 x 1 = _____   14) 45 ÷ 3 = _____   15) 11 x 6 = _____

16) 55 ÷ 5 = _____   17) 36 ÷ 4 = _____   18) 60 ÷ 4 = _____

19) 19 x 6 = _____   20) 4 x 9 = _____   21) 4 x 3 = _____

22) 14 x 7 = _____   23) 7 ÷ 1 = _____   24) 162 ÷ 9 = _____

25) 90 ÷ 6 = _____   26) 72 ÷ 6 = _____   27) 9 x 7 = _____

28) 7 x 3 = _____   29) 17 ÷ 1 = _____   30) 24 ÷ 8 = _____

1) 36 ÷ 3 = _____   2) 77 ÷ 7 = _____   3) 16 x 10 = _____

4) 2 x 4 = _____   5) 20 ÷ 2 = _____   6) 16 ÷ 1 = _____

7) 15 x 9 = _____   8) 18 x 5 = _____   9) 40 ÷ 10 = _____

10) 36 ÷ 6 = _____   11) 4 x 9 = _____   12) 11 x 6 = _____

13) 19 x 8 = _____   14) 48 ÷ 6 = _____   15) 15 x 4 = _____

16) 117 ÷ 9 = _____   17) 108 ÷ 9 = _____   18) 13 x 3 = _____

19) 3 x 9 = _____   20) 11 ÷ 1 = _____   21) 12 x 9 = _____

22) 16 x 4 = _____   23) 40 ÷ 8 = _____   24) 88 ÷ 8 = _____

25) 64 ÷ 8 = _____   26) 10 x 2 = _____   27) 102 ÷ 6 = _____

28) 7 x 8 = _____   29) 63 ÷ 9 = _____   30) 17 x 7 = _____

1) 81 ÷ 9 = _____   2) 7 x 9 = _____   3) 13 x 7 = _____

4) 44 ÷ 4 = _____   5) 18 x 7 = _____   6) 45 ÷ 9 = _____

7) 84 ÷ 7 = _____   8) 3 x 6 = _____   9) 16 x 6 = _____

10) 14 ÷ 2 = _____   11) 4 x 8 = _____   12) 0 ÷ 19 = _____

13) 5 x 6 = _____   14) 10 x 10 = _____   15) 16 ÷ 4 = _____

16) 0 ÷ 6 = _____   17) 7 x 3 = _____   18) 10 x 4 = _____

19) 102 ÷ 6 = _____   20) 11 ÷ 1 = _____   21) 56 ÷ 7 = _____

22) 0 ÷ 4 = _____   23) 12 x 9 = _____   24) 17 x 7 = _____

25) 60 ÷ 6 = _____   26) 4 x 3 = _____   27) 7 x 8 = _____

28) 80 ÷ 10 = _____   29) 16 ÷ 4 = _____   30) 10 x 6 = _____